杜月笙秘書見聞錄

胡敘五——原著　蔡登山——主編

目次

胡敍五見聞錄

【導讀】

杜月笙秘書──胡敘五其人其書

蔡登山

坊間有許多談杜月笙的書，但當今之所謂《杜月笙傳》者，可說都是後來的人誇誇其談的，甚至都沒有人親見過杜月笙本人。即令名記者徐鑄成寫的《杜月笙正傳》，作者與杜氏也僅有一面之緣，其中的可信度有多少？實在令人懷疑。等而下之的寫杜月笙者，更令人不忍卒讀。但這其中有本一直被人輕忽的《杜月笙外傳》，是反而更有史料價值的。《杜月笙外傳》原刊登於香港《春秋》雜誌，登了好長一段時間，後來出了單行本，作者署名「拾遺」，採「拾遺補闕」之意。他甚至在一開頭就故意與杜月笙劃清，不讓人有任何的聯想。後來我從名報人金雄白的文章得知拾遺就是胡敘五的筆名，他正是杜月笙的中文秘書之一。杜月笙因不通文墨，後來很相信捏筆桿兒的人，為了做好文字工作，他請了翁佐卿（左青）、邱訪陌、王幼棠、胡敘五，四個人當秘書。其中翁佐卿是張嘯林的門生，由張介紹給杜的；邱訪陌，由陳群介紹的；王幼棠（曾任淞滬員警廳秘書）由劉春圃介紹的；胡敘五由黃炎培介紹（曾在上海地方協會任秘書）。而其中以胡敘五先生做的時間最久，胡敘五甚至一直跟隨杜月笙到香港。這事我也求證於杜月笙的女兒杜美霞女士。

據向晚（當為李毓田是日本早稻田大學畢業的經濟學者）文章說，胡敘五為安徽婺源人，武昌高師（也許是優級師範）畢業。胡敘五少運甚佳，初到上海時，就做寶山縣衙門文案，每月薪俸雖只有二十五塊龍洋，但外快則難以估計，平均每月可分百餘元。辛亥革命後，他做黃炎培的秘書，待遇較差，但不久就轉任上海商會秘書，收入倒也不錯。抗戰發生後，改任杜月笙秘書，以至杜死為止。但他雖出入杜門，卻與幫會絕對無關，因他始終是一介書生和風流名士罷了。

向晚文章又說，胡敘五性耿介，從不自誇，也不奉承人，只是有一句說一句。過去終年都穿一件深青色長袍，皂鞋，光頭。他不慕榮利，最感興趣的是香煙、醇酒、美人。每飲必醉，不醉不過癮，醉後必找女人，真是「一擲千金」，他的兩位如夫人即如是得來。向晚說他和胡敘五相識，初由於公事關係，抗戰前期胡敘五隨杜月笙抵香港，而當時向晚在一敵情研究機構服務（案：當為陶希聖創辦的「國際通訊社」的編譯），自然會發生聯繫。香港淪陷，兩人先後到重慶，這就成為朋友，交往日深。勝利後，又在上海聚首。上海易手後再在香港會晤，這時已非普通朋友，而是患難之交了。他說胡敘五對於書法、對聯、詩、舊式來往應酬書簡，皆是高手。他之寫作始於倒霉後近十餘年間之事，他常以「拾遺」筆名在雜誌、報章撰文，而以寫杜月笙遺事最受讀者歡迎，因為真材實料，皆得自親見親聞，自非道聽塗說者可比，故寫來娓娓動聽。

金雄白也說：「我一向認為寫像杜月笙這樣的一個人，自然不失為極佳題材，但任何人有他的長處，也會有他的缺點，更何況於他（胡敘五）。所以為杜氏立傳，褒貶之處，下筆頗難得當，而敘五以與他多年賓主之情，知道得多而翔實，評論得生動而中肯，文字的優美，反成餘事。」幾年前，筆者在上海見到杜月笙好友楊管北的兒子楊麟，他的書架上也有本《杜月笙外傳》，我問他對此書的看法如何？他說真實，尤其寫他父親的那段，真是親歷其境。

胡敘五因長期跟隨杜月笙，因此該書有極高的真實性，例如有關「高陶事件」，書中說：「月笙看過字條，深悉寄老（案：徐寄廎）為人，十分謹慎，如非千真萬確，落筆不致如此堅定。認為事不宜遲，利在速洽。即於翌晚飛往重慶，一面囑采丞留港稍候。其時蔣委員長適有桂林之行，原擬小駐，聞此密報，一宿還渝。召見月笙，前席專對。即囑月笙從速返港秘密進行。月笙返港後，又著采丞從速返滬。才逾十天，溯老（案：黃溯初）蒞港。當將宗武（高宗武）去日經過、密約要點，逐一和月笙細說，並製成筆錄，俾月笙不致遺忘，得向當局詳陳。於是月笙在同一月內又作第二次重慶之行。」據徐寄廎〈《敬鄉樓詩》跋〉回憶：「時杜月笙君在港，與溯初無素，余為介紹，一見如故，爰偕赴陪都，以某事言之於當路。」而據蔣介石一九三九年十二月十八日日記云：「下午與俄使談外交，與月笙談汪事。」是胡敘五的記載真實不虛。

一九五一年八月十六日杜月笙病逝香江，一代人豪在此劃上句點。而胡敘五則孑身客寄香江，僅靠賣文為生。據金雄白說：「敘五狀貌如三家村學究，木訥又如一謙謙君子，對同文中稍有一得的人，即服膺勿替，說話帶有濃重的安徽土音，雖訥訥不出於口，但嫉惡如讎，極富正義感。他因曾為杜月笙佐筆政，過去時與俠林中人交遊，最難得的就是並未沾有此中習氣。敘五下筆輕盈，辭意茂博，如以貌取人，不信是出於其手。」一九七〇年胡敘五病逝香港，身邊沒有一個家屬，也沒有一個親戚，寥寥十餘朋友，為他在殯儀館草草辦妥了臨終大典，就送往火葬場安葬。

胡敘五的《杜月笙外傳》，其史學意識、其文筆、其閱歷，足可作史，不宜等閒以內幕、秘聞之屬視之。它遠較之坊間誇誇其談的「杜月笙傳奇」，還是高明太多了，畢竟很多事都是作者親見者。因此筆者將其重新編排分段點校，改正錯字外，又蒐集與杜月笙有過深交或資深報人親歷親聞的文章，這些文章遠較坊間的杜月笙書籍，要具有史料價值，有很多事都是信而有徵的。然後將這兩大部分，合而為一，編校成《上海大亨杜月笙》一書，重新出版。

胡敘五除了寫杜月笙之外，還寫了不少文章，大抵都是他所親見親聞的人與事。筆者挑選出其中最重要者，編成《杜月笙秘書見聞錄》一書。該書主要分成三部分，分別是哈同、陳彬龢與鴉片史。

哈同是英籍猶太人，他的大名在當年，上海人幾乎老幼婦孺皆知。人們對他毀譽參半，毀之者說他是個吸血鬼；譽之者則說他是個慈善家，救活許多災民云云。總說一句，他初時以走私鴉片發了大財，有了這筆錢財後，在南京路一帶運用投機伎倆，陸續佔取一些土地，奠定了他經營地產和發財致富的基礎。哈同娶妻羅迦陵，娶後凡所有投資，無不順利，於是對羅敬愛有加，從此迷信羅迦陵有「旺夫」之命。為了表示對妻子的摯愛，哈同在今天的延安中路、銅仁路、南京西路和茂名北路一帶建造了一座被後人廣為傳播的私家花園。人們都知道它有兩個名稱——「哈同花園」或者「愛儷園」。後者顯然是哈同的叫法，也就是獻給愛妻的花園。哈同花園全盛時期，單是華籍職工就有兩百多人，還豢養過一些清朝遺老、遺少，供奉一些和尚、尼姑，民國的達官貴人、流氓政客，其聲勢之盛，上海人為之側目。然而彈指之間，已毀於一旦，鞠為茂草了。正驗證了孔尚任《桃花扇》所說：「俺曾見，金陵玉殿鶯啼曉，秦淮水榭花開早，誰知道，容易冰消。眼看他起朱樓，眼看他宴賓客，眼看他樓塌了。」

一九一五年，哈同在愛儷園內設立了倉聖明智大學，該大學的前身是：南洋法政函數專門學校。倉聖是指中國傳說中創造漢字的聖人倉頡。學生從膳食、住宿到學雜費全部由學校提供，先設小學、中學，後來又增設了大學和女校。一九一六年，園內成立了廣倉學會。學校與學會，均以研究中國古代文字、古董和典章制度為宗旨。康有為、陳三立、王國維、章一山、費恕皆、鄒景叔等學者都曾在這裡作教書、編撰和研究工作。

巧的是陳彬龢的母親也在倉聖學校女學部當任舍監，而後來陳彬龢也當上男學部初小一年級的國文教員，據陳彬龢在〈我的年輕時代〉一文中說：「我出生於破碎的家庭，先父早背，家道寒微，所受正式教育，只在高等小學讀過幾年。先母為維持生計，在上海哈同花園倉聖學校女學部，覓得舍監的職務，兼教刺繡。而我則於十六歲時，由親友介紹，在浦東中學充任一名書記，寫鋼板，印講義，於蠟紙油墨間虛擲大好光陰。」後來他母親經過多方請託，才將他弄進哈同花園，當上男學部初小一年級的國文教員，月薪十元。也因此他得識前來擔任中學部國文教員的金石家胡小石，更因此認識了中國第一流學者沈曾植、朱祖謀、王國維等人。

陳彬龢是一名報人，上海《申報》六十週年紀念時，他入主筆政，言人所不敢言，大觸時忌，終被迫去職。太平洋戰事發生後，他從香港回到上海，在日人勢力範圍下，重入偽《申報》，擔任社長。抗戰勝利後被視為漢奸，開始逃亡生涯，漂泊三年，歷經九省，竟然躲過「追捕漢奸」的羅網，逃遁到香港。對於他的諸多資料，兩岸竟付之闕如，甚至錯誤百出，如《民國人物大辭典》等工具書，甚至把他的生卒年只記到一九四五年，其實他是活到一九七〇年才在日本病逝。筆者根據陳彬龢後來在香港《大華》半月刊發表的幾篇回憶錄及由他口述、胡敘五筆錄在香港《春秋》雜誌發表的逃亡經過及與他多所交往的金雄白、高伯雨（林熙）等人的回憶文章，梳理出他的生平大要，寫成〈不學「有」術的報界奇人——陳彬龢〉，附在本書中，讓讀者能明瞭整個事情的來龍去脈。而陳彬龢的回憶文章一併附上，可視為研究陳彬龢相當重要的一手文獻資料。

至於「特稅特商與中國鴉片史」更是精彩，因為這個題目很少人會觸及，因胡敘五身在杜門，而杜月笙早期是以販賣鴉片起家，後來雖洗手不幹，但胡敘五總會有所聽聞，其資料來源相當可靠。在近代中國史中，鴉片實佔重要地位。在此一燈一斗之間，其為禍之烈，已不止於弱種亡身，直可亡國滅種。北伐期間西南省份種植罌粟，遍地皆是，大有「萬里栽『花』算種田」之概。而當時軍政各費，多以鴉片作為通貨，折價支付，甚為離奇。「特稅特商與中國鴉片史」所述限於民十五年起至民廿八年止的鴉片煙事件。易言之，始於北伐，而終於抗戰時期之武漢大撤退。其內容分作兩部份：一為由鴉片煙所產生的特稅特商情形；一為在特稅特商下所發生的各種公案。

胡敘五說：「按之國家歲入歲出，均各編有預算。即使補短截長，亦自有其限度。如在預算上無此項目，而在事實上有此需要。或在預算上有此項目，而實際需要超越其所規定限額。情勢所迫，自不得不另闢財源。由鴉片煙而徵收的特稅，雖不足以抵補偌大用途。但日計月累，為數可觀，固不失為重大貢獻。重以此項特稅，原不列入正供。運用之間，隨心所欲，不受任何拘束，更屬取便。因此種種，故不得不依循故轍，仍恃鴉片為一籌款法門。」綜計每年所收稅款，約近三千萬元。其核計方式，每兩約徵一元，以擔為單位，每擔為煙土一千兩。

其間扶同匿稅，包庇走私，攘攘擾擾，迄無已時。甚至武裝護運，大動干戈，亦屬司空見慣，不足為異。鴉片煙是黑道上的勾當，一面公賣，一面卻還犯禁。如果在這項交易上講良心、談道德，那是世界上一等傻人，根本不配幹此營生。以故就中欺哄倒騙，以黑吃黑，在一般貿易上認為過於毒辣，在這一行業上卻視為地義天經。明乎此，則特商之專吃運商，自不屬於人咬狗

上海豪富哈同夫婦傳奇

前清道光廿三年（公元一八四三）十一月，上海在「南京條約」壓迫下宣告開埠；至道光廿五年（一八四五）八月，上海道（清吏）宮慕久公佈租界地皮章程；外國人在上海設置租界於此乃正式開始。其間經過近百年，直至抗戰軍興後，民卅一年（一九四二）日寇在上海侵佔租界，核與宣告開埠時算起，恰符原訂租借期九十九年；若就民卅四年（一九四五）八月抗戰勝利，我國正式收回租界算起，再回溯到清廷公佈租界地皮章程之年期，亦恰為九十九年，冥冥中似先所註定耳！

從上海哈同花園說起

上海在未開埠前，原為一片荒灘，漁村蟹舍，錯落其間。但在這百年中，由彈丸甌脫之地，蛻化而為十里洋場，又由十里洋場躍進而為全世界四大都市之一，此中因素，與同（治）光

（緒）年間兩度修訂上海公共租界實施地皮章程，放寬總面積，亦頗有關。滬人一般通稱為「哈同花園」之愛儷園，即係於放寬面積後之光緒廿九年（一九〇三）落成，園內樓閣縈迴，景物明麗，於軟紅塵中別饒風月，在私家花園中實為首屈一指。園主人哈同歿於民廿二年（一九三三），適在「一二八」中曰淞滬戰役之後。其時上海租界，雖仍處於絢爛巔峯，而大風蘋末，危機已伏。過此不久，全面抗戰掀起，東南淪陷，上海成為孤島。旋在鐵蹄蹂躪下，結束了租界局面。該園女主人羅迦陵夫人恰於日軍進佔租界前兩月下世，人去樓空，幸逃塵刦。其遺孤則以爭產涉訟，分就園垣，各闢門戶，同居異爨，軒館淪為廚溷，午晚間縷縷炊煙自林隙冒出。園主之屍骨未寒，已露衰頽之象。迨至中共軍渡江以後，更將該園夷為平地，改建「中蘇友好協會」。從此租界制度，蕩然無存，哈同夫婦之一生心血，亦盡化於子虛烏有！

哈同花園佔地二百畝，坐南向北，東起西摩路，西迄哈同路，前為靜安寺路，後為福煦路，崇垣繚繞，約歷半小時才能盡其周匝。其在靜安寺路之大門，朱漆獸環，雖設常關。路人於樹杪花開、紅樓燈影間，始能約略領到園中消息。大門上鐫有「愛儷園」三個大字，其取義以迦陵夫人小字「儷蕤」，為表示夫婦伉儷之篤，因於「儷」字上著一「愛」字，作為愛情紀念，故其名如此。哈同以寠人蛻變為上海大富翁，其傳奇性使人印象深刻，故滬上人士通稱該園為「哈同花園」，愛儷園之名轉不甚彰。筆者從俗，以後本文即沿用哈同花園之名。

哈同花園內之重要建築物為頭埭、二埭、戩壽堂、崇禮堂、燕譽堂、春暉樓、慈淑樓、迎旭樓等，簷牙矗落，鳥革翬飛，其形式純為中國規格，內部陳設則雜以西式佈置。哈同夫婦，先住頭埭，繼住後埭，又遷慈淑樓，而止於迎旭樓。

其園林之勝，則就此廣袤二百畝中，運用匠心，琢成佳境，隨物華之轉換，測時序之迭更。柳眼挑金，占陽春之已返荷錢貼水，徵長夏之將臨。桂移月窟之香，帶來秋意；梅映清溪之雪，知入殘年。至若疊石為山，送青排闥；引泉作澗，泛綠縈廊。倚翠袖而生寒，篔簹滿谷；疑巴山之欲雨，蕉葉翻風。石塔梵音，清涼世界；槿蘺茆屋，邨落風光。高閣凌空，遠眺龍華之勝；重簾匝地，近離車馬之喧。錦織繁花，奠鋪碧草；猢猻戲檻，蜂蝶逾墻，凡茲眼底安排，都出胸中邱壑。

計園內之亭臺軒館可得而數者有：椒亭、觀漁亭、聽風亭、賒月亭、撥雲亭、環翠亭、歲寒亭、鈴語閣、涵虛樓、避秦處、待雨樓、天演界、北洞天、竹棠艇、冬桂軒、飲蕙崖、萬生圃、萬花塢、筍蕨鄉、梅壑等處。又有玉蝀、引泉、渡月、迎仙、橫雪、舞絮等六橋。

由司閽人變為鴉片商

哈同（Silas Aaron Hardoon）為中東伊拉克籍猶太人，生於一八五〇年。有兄妹二人，他為幼子。其來中國，事出偶然，因受母責，憤而離開家庭。輾轉流蕩中聞上海謀生較易，入境亦不甚難，於是茫然到了上海，受雇於上海沙遜洋行為司閽人，時約二十餘歲。上海有兩片沙遜洋行，一為（David Sasoon）；一為（E. D. Sasoon）。前者通稱為老沙遜，經營進出口，包括鴉片。後者為新沙遜，所業雖賤，而一貫地忠實誠懇，兢業服務，經得起老沙遜的冷眼考驗，對之頗加賞識。嗣老沙遜年邁回國，以哈同在職，歷有年資，宜可擢陞，惟格於知識貧乏，終苦愛莫能助。當別出心裁，於臨行前予以厚犒，著其離職另謀發展。

上海自開埠與外洋通商後，洋貨進口訂有稅則。惟以「南京條約」原肇端於鴉片戰爭，轉於鴉片項，不便申禁，亦不便明訂稅率，一任其無稅入口，販賣吸食，概不置問。及後太平軍興，清廷迫於軍餉，與英法等國覆議通商稅則條例，始於鴉片訂定稅則專條，轉口後並准由清廷加抽厘金，藉裕國庫。由此毒品變為正式貨物，經營鴉片者亦隱然為合法商人。哈同身無長技，囊有餘資。其出生地點原為盛產波斯土的中東地帶，其所服務的老沙遜洋行又恰為販土洋行，耳濡目染，先後已吸取了此一行業的不少經驗。於是他於離職後即以鴉片商出現於上海市場。這是有盈無虧的獨門生意，加以其個性之勤力與節儉，在日進紛紛下從事居積，不數年間，雖未必大腹便便，亦已團團其面矣。

迦陵夫人係混血孤兒

迦陵女士為上海城內人。羅姓，名莉莉。生父為法籍，於其呱呱墮地時已不知去向。其母故世甚早，僅二十五齡。故其為混血兒又為孤兒，留養於外舅沈家。及長，配給城內謝姓為媳。夫妻不和，致占脫輻。以無容身處，與兒時異性姊妹混在一起，相與浮沉，生活極苦。有人謂其曾為縫窮婦，又有人謂其曾淪為蜒乍，環境所迫，未始無此可能。物以類取，故哈同得以司閽人與之相識。若其地位懸殊，這段姻緣，無月老亦將無由牽合也。

她倆結為夫婦後，最使哈同感到興趣的，即其本身進展，似覺一帆風順，若有所助。其可徵於事實的，先之為老沙遜之資助多金；後之為哈同經營鴉片之得心應手。以故他倆雖非正式結合，而唱隨之樂，視明媒正娶者猶有過之。以前他倆住在何處，未易稽考，到了此時則住在上海自來水橋附近。數十年前，該處為高尚住宅區，泰西人士，多寓於此，草地花園，別成風格，與後來闢為市肆，大不相同。哈同於此卜居，可見其身分已駸駸乎接近於「大班」、「買辦」一流矣。

要求夫婿改營房地產

哈同眈於近利，性重保守，以現狀為安。迦陵夫人則高瞻遠矚，重利亦重名，不以眼前安樂引為滿足。洪楊之役，李秀成兩度進攻上海，清廷先與外人聯絡，英法軍分頭出動，與清軍合力防禦，戰事甚烈。相持數月，乃獲保全。由此外人在滬勢力，越發膨脹，拓展租界，得寸進尺，清廷坐視其越界築路而不敢加以阻止。滬西一帶地皮，於是逐漸地成為地產商人的對象。反之鴉片這行，則因光緒年間，曾與英人締結煙協約。租界當局為敷衍起見，採用抽簽方法，逐期停閉煙館。雖為陽奉陰違，而大勢所趨，遲早終將懸為厲禁，黑道勾當，決非穩妥。迦陵有鑒於此，以為原片是一塊「土」，地皮也是一塊「土」，與其販賣那不名譽的「土」，何如經營光天化日下的「土」。就利益言，投資土地，雖較呆滯，不似經營鴉片，可以靈活運用。但如放遠眼光，稍待時日，所獲決非鴉片所能比擬。因是燈前絮語，枕畔叮嚀，要求哈同放棄本行，改營地產。哈同則以鴉片已屬熟行，禁絕談何容易，且一轉手間便可本利全歸，天下營生，那有這般捷徑？故於迦陵叨叨之說，當作耳邊風，並不置理。其後迦陵提出一個兩全辦法：一面仍由哈同繼續幹其鴉片買賣；一面則提出規元五千兩由她經營地產，作為試辦。迦陵原是有心人，對於此中市面，留意頗久，已非門外漢。當於計劃決定後，先就地點較偏地價相宜的地皮著手置進，起屋出租。一待租金積累相當數額，又另拖進地皮，如法泡製。不數年間，此項資產，如滾雪球般，漸滾漸大。哈同至此，才認識此「土」勝於那「土」，遂捨故業，同趨一途。其後南京路一帶土地，成為全上海精華之所薈萃。滬西一帶土地，成為顯宦巨商之所窟地。由以前之論畝計值，一變而為尺土寸金。哈同則為其中大業主，業務益昌，財力益厚，因設哈同洋行，集中管理，專營一業，不涉其他。哈同並由此體味到他的妻室，不惟幫夫有運，且具幹才，雖未遽奉「太座」如神明，而於鍾愛之中，已啟其後來敬畏之漸。

出奇制勝興建愛儷園

話說回來，迦陵力勸哈同經營地產，當亦有其用心。專緣哈同以青年出亡，久離故土，厄於貧賤，無面見江東父老。但其眷念親朋，縈懷鄉國，中外人情，皆屬一般。在其經營鴉片後，雖非鉅富，已不止於小康。錦衣夜行，又為中外人情之所不願。如其仍操舊業，長擁浮財，何難隨時結束，隨時歸國。出嫁從夫，迦陵即無他圖，而遠適異國，昔人所悲。則何如利用事業之羈絆，使其夫婿不易高飛遠走。土地是生了根的，變賣售脫，事固不難。但如大批在手，價值過鉅，一時亦難覓有受主。善財難捨，哈同縱欲歸國，必苦身輕腳重。權衡利害，不得不泯其歸意，廝守終生。因此一再敦促，必以轉業為期。此或為其隱衷，不無囿於婦人之見。而事屬互利固為數全之道。司馬遷報任少卿書云：「畫地為牢，勢不可入。」哈同所處，則如擁地為牢，勢不可出矣。其後哈同之兄妹，聯袂為滬，迦陵充分供給，並命家人尊稱其兄為「大東家」，禮遇備至，然在哈同花園中則迄無他倆一席地，另寓別處。其精明老到，可覘一斑。

哈同花園之建造，多半出於羅迦陵的主意。其出發點則由於好名之一念。大凡出身寒微之人，雖已發跡，其自卑心理，仍未易於祛除。故補壁必求法書名畫，交友必求勝侶高朋，移來別姓風光，藉增自身榮寵，迦陵自屬不能免俗。惟以華夷以辨，當時界限猶嚴，其所嫁又為一小國度的窶人，更不為人所重視。自審環境條件，如欲致身榮顯，其事倍難，有錢亦不相干，必須出奇制勝。其時慈禧太后在北京重修頤和園，滬西亦闢有愚園、張園，似皆於其有所啟發，於是決心興築花園，藉以提高其社會地位。在她的意想中，即使不能借此招致名流，週旋巨室，而行人指點，遊客窺覦，亦足使聲名大噪。園中設計，全出烏目山僧（事詳後文）之手。鳩工之初，迦陵與烏目山僧每每凌晨即往，入暮始歸，指揮監督，不辭勞瘁。哈同名心甚淡，轉不甚措意。及既落成，夫婦遷入，則所謂遜清遺老、翰苑群公、冬烘先生、斗方名士，果然慕名致意，懷刺登門，接踵承顏，一如迦陵之所期望。

哈同夫婦的待人接物

迦陵相貌頗美，體略豐腴，唇有微髭（編者按：女性有髭者，曾於外籍婦人中見之），右掌玉柱紋自腕底直貫中指。為人明達事理，說話有條理，態度莊重而不故作矜持。從小失學，自為文盲。在自來水橋居住時，會有女傭名「山上媽媽」者，頗通文墨。迦陵倩其指點，閒時又唸書給她聽，才稍稍領悟文義。及後得烏目山僧之循循善誘，智慧大啟，進步甚速，於佛經內典，居然能參其秘奧。其於西文，因生父為法國人，故略諳洋涇浜英語。移居哈同花園後，特聘女修士勞姆斯頓為之講授，糾正發音，學習文法。從此語言閱讀，均能應付裕如。

哈同，矮而肥，隆鼻大耳，相術家指其為大富而兼小善，園中人統稱之為「東家」。性和藹，從無疾言厲色。奉猶太教，於福州路建有小型猶太教堂。其於迦陵夫人，則敬畏之心，與時俱積。每日起身絕早，盥洗後第一件大事，為率領總管及花匠一人，遍歷全園，巡行視察。見有某處不潔、某處花草應加修剪、某處應補種某類植物，當場指示，無間寒暑。早點用罷，即驅車去哈同洋行。事必躬親，馴至收房租亦往往親自出馬。視錢雖重，但非分之財，決不妄取。故在其本人管理時，房東與房客間絕無齟齬。除鬥牌外，生平無其他嗜好。交遊多西人，中國人中之岑宮保（春煊）、瑞制軍（澂）、陳制軍（夔龍）、劉觀察（襄蓀）、王狀元（壽彭）、劉狀元（春霖）、夏狀元（同龢）等遺老以及浙江督軍盧永祥、淞滬護軍使何豐林、居士王一亭、黃涵之等人，亦皆為其好友，時參牌局。其在上海不啻為第二故鄉，而於中國風俗，極少感染。惟屆中秋佳節亦以賞月為樂，於梅林中設中國酒席，與家人圍坐進食。天上清輝，人間喜氣，哈同顧盼其間，怡然自得也。

膾炙人口的兩則故事

其時哈同已改入英籍，一度被選為公共租界工部局董事，財雄望重，早廁身於外國紳士之列。其生平膾炙人口的兩件事：一為哈同花園西邊之馬路，原極狹仄，難通車馬。哈同慨然以其所有地捐贈工部局，放寬路面，俾利交通。工部局因將該路定名為哈同路，以為紀念。租界中以中東人士姓氏為路名者，絕後空前，唯此而已。另一為以紅木敷設上海南京路路面，在全世界亦屬創聞。此中經過，聞有兩說：一說謂哈同為猶太血統，雖改英籍，仍受歧視，例不許執手杖。

哈同引以為恥，必以執杖為榮。工部局乃命其以手杖所用之紅木，敷設南京路路面，始允其請，猶中國之納粟拜爵然。哈同為滿足其虛榮，欣然接受，於是南京路改為紅木路面矣。又一說謂哈同所乘的紫醬色汽車，為英國定製品，車頂有銅欄杆，車內機器為銅類合金所製，不為龐大，且極笨重。當時南京路路面高低不平，車行所經，殊苦顛簸。哈同屢請工部局翻修，迄未置理。最後促請，則工部局反以「如要平穩，何不由你鋪成紅木路面」作答。哈同以其意存誚譏，忍不住氣，一口應承，毫無吝色。如此豪邁，與其一生節儉，殊不相類。當因一時衝動，脫口而出，及待追悔，則已駟不及舌矣。紅木在今日猶為名貴木料，以之敷設整條大馬路，猶之貂續狗尾。計其所費，當於哈同花園造價等量齊觀。

兒女皆螟蛉中外兼收

迦陵不育，取他人兒女以為螟蛉，而且中外不分，兼容並蓄。她與哈同似有默契，外族兒女，屬於哈同。華種兒女，屬於迦陵，且冠以羅姓。

屬於哈同者有喬治、羅意、羅比（已故）、菲立浦（已故）、利華，以上均男性。娜拉、瑪德烈、瑪克爾、德菲拉、愛默麗、伊活，以上均女性。就中愛默麗與利華為孿生。

屬於迦陵者有羅友良、羅稚清、羅友蘭、羅友山，均男性。女性則有羅福貞，適莊。羅補乾，適周。羅轉坤，亦適周。此外尚有沈寶年，為迦陵外舅之子，幼年多病，服藥過多，變為神經質。迦陵留養園中，仍冠沈姓，以報其舅氏昔年鞠育之恩。此外另有羅友啟、友仁、友祥，似子非子，親熱性較淡。

這批兒女的來歷，或為棄嬰、或為孤兒，或因家貧無力供養。有由醫院抱來，有由和尚介紹，亦有由迦陵親自看中。來時或已成童，或猶在襁褓中，尚須哺乳。迦陵予以栽培教育，煞費一悉心血。現在這班兒女，多已離滬，寄跡於美國、南美、香港。利華則獨返伊拉克經商，繼承先志，頗有父風。

關於哈同花園興廢與其家屬的聚散，大致如此。昔李去非書洛陽名園記後有云：「園囿之興廢，洛陽盛衰之候也。」衡以斯園，其跡似之，與九十九年期的上海租界固同為一滄桑也。

迦陵夫人以主婦之身分，掌全園之樞機，提綱挈領，亦於其中可覘梗概。以後她又接納雅言，揮斥鉅資，刊印大藏經與甲骨文，興辦各級學校，並開放園地，廣結善緣，則又見其於枯菀窮通之際，性靈未嘗汩沒，猶能葆其根器之厚。論者每以其幼便失教長復失學為大可惜，若使學養有素，智能益充，再輔以財雄力大，施展裕如，則其閫中肆外，所能發揮的應不止此。哈同身歷艱難困苦之境，及其既富，慳吝自屬本色。而於其夫人輸資於宗教文化教育慈善，面無腹議，背無違言，雖因敬愛轉為懼內，究不失其氣度之廣。當時為迦陵主辦其事者，一為前述的烏目山僧，一為後來的姬覺彌。前者襟懷恬遠，不為物役，以緇流而兼名士。後者則胸無點墨，唯利是圖，實為一傖父市儈。然於附庸風雅之中，似亦有其可取之處。

烏目山僧主辦印佛經

烏目山僧本姓黃，名宗仰，常熟人，學殖甚富，於日文英文均所通曉。曾參加初期革命，與孫中山先生及興中會同盟會諸人時有往還。性澹泊，不慕名利，又自傷懷抱，乃由居士剃髮為髡，以常熟有烏目山，因以烏目山僧自號。迦陵於微時與之相識。哈同發跡後卜居自來水橋時，僧已為其宅內上賓，茹葷酒而穿窄袖僧服，有時亦御日本裝。哈同花園的設計，幾全出其意境。落成後他以閒雲野鶴的恣態，寄跡其間，瀟灑無所拘牽，園中人敬事唯謹。其為迦陵主辦的第二件大事，即為刊印大藏經是。

按之佛氏的經典曰藏。藏者，包蘊之義。大藏者，為佛教經典著作與譯述入藏者之總稱。梁武帝於華林園中總集釋氏經典五千四百卷，此為佛經有藏之始。唐開元間，沙門智昇著《開元釋經錄》二十卷，東禪寺版六千四百三十卷，開元寺版六千一百十七卷，思溪版五千九百八十卷，磧砂版五千八百零二卷。元有杭州版六千零十一卷。明有南藏北藏，各為六千三百餘卷，武林版六千七百七十一卷。清有雍正刻龍藏，乾隆續藏。時至今日，宋元明諸版本多已亡佚，尚存者僅為磧砂版之孤本，藏西安臥龍開元兩寺，但亦殘闕不全，然已為希世之寶矣。

此時哈同花園所印之藏經，為根據日本弘教書院本，益以龍藏續藏，集中外之大成，卷帙視前幾增四分之一，凡八千四百十六卷。並就園中另闢頻伽精舍以成其事。以往刊印藏經，其工本或出內府，或自十方募化而來，窮天下力，經以歲時，始能完成大願。今哈同夫婦以其私人物力，宏揚正法，則屬亘古所難，自是佛門龍象。

此項經卷，委由書局刊印。而於園中特設棚廠，招雇念佛男婦自加裝訂，迦陵親與其役，嚴恭寅畏，鄭重其事。其嗣女羅福貞，即從裝訂工人中物色而來。福貞生父為外國人，與迦陵身世彷彿相似，故亦為混血兒。萍踪偶聚，結為母女，殆亦佛緣。

迦陵頻伽，在梵語中為鳥名，一頭兩身。正法念經云：「山谷曠野，多有迦陵頻伽，出妙聲音，若天若人，緊那羅等無能及者。」迦陵夫人的稱號即從此一典故而來，於印藏經時為斗方名士所恭上，以讚揚其為大護法。其頻伽兩字既用為印經的精舍題額，故其所印藏經即名為「頻伽藏」，以示與雍正所刻「龍藏」先後媲美。楞嚴經云：「迦陵仙音，遍十分界。」其後此項藏經分送叢林諸大寺院，護持供奉，俾佛光得以普照，功德無量，固亦不失其為「遍十方界」也。

姬覺彌深得迦陵歡心

關於一般善舉，如夏季施醫施藥，冬季送寒衣棉票，平時賑饑卹貧，哈同夫婦亦能以慈悲為本，歷歲奉行。遇有大災祲時，哈同花園曾應慈善團體之請，予以開放，闢為臨時遊藝場，出售門票，縱入遊觀；園中舉行義賣，悉以所得移充賑款。向日不得其門而入者，至是紛至沓來，摘花折木，在所難免。因此經過一次義賑，園中花草竹木以及各項設備，多被損毀，不啻遭受一場災害。培壅補葺，須待時日，才能恢復舊觀。哈同痛惜不已，夫婦間且因此引起勃谿，故自民五年舉行華洋義賑遊藝會後，朱門長閉，不復開放。

其時姬覺彌已早來園，來時方十九歲。他為睢寧人，原姓潘，自幼無賴，鄉里間稱為潘孬。據熟悉園中掌故者云：他之來園，事出偶然，為迦陵的英文教師修女勞姆斯頓所介紹。迦陵擬學講北京話，故勞介姬以承其乏。至於勞、姬相識，則另有一段來歷。先是姬為清宮某太監所收養，認為義子，持往北京。得間，輒帶往內廷隨喜。姬故偉岸，身高六尺以上，時在十六七齡，雖僅成丁，而體格壯茁，望之儼如成人。一次他在內廷，忽被人發覺其為未淨身之男子。觸犯宮禁，罪在不赦。幸經某太監彌縫掩飾，倉皇走免。猶恐其事未了，蟻命難全，某太監情急智生，以教堂具有特殊勢力，為法令之所不及，當將其送請送容，在基督的博愛下，取到庇護，始解此厄。此一教堂即為勞姆斯頓以前服務之所，因與姬相識。及至此時，迦陵於閒談中提到學講京話，勞遂乘機以姬為介，乃得來園。有人謂姬為烏目山僧之隨身小沙彌，則屬想像之詞，羌無故實。

姬覺彌入園後，哈同以小厮視之。姬故佻達，往往在園中東闖西竄，輒為哈同所抑阻。但其性黠慧，善伺人意，頗得迦陵之歡心。及其年齒增長，趨媚奉承，工夫益臻老到，乃為迦陵所寵幸，哈同亦改而加以詞色。園中大事，烏目山僧原不甚措意，姬則逐漸與聞，意圖包攬。但在顧問諮詢上烏目山僧顯處於重要地位，姬不能不有所顧忌，因此尋瑕覓隙，必以去之為快。無如烏目山僧原是正派之人，向為哈同夫婦所信賴，縱使譖言似剪，巧舌如簧，亦皆失去效用，無損於其毫末。姬於一不做二不休之下，變本加厲，乃採巫蠱之術，以逞其篡奪之謀。這話說來也許人不置信，據稱其時烏目山僧每於夜靜更深之際，似聞天空人語，隱隱呼其姓名。即在此一剎那間，陡感陰風凜凜，鬼影森森，渾身拘攣，神志昏瞶。幸虧深諳經咒，當急持陀羅尼法，始獲解免。如是屢屢，幾無寧夕，僧知有人暗中加害，又發覺姬之行動詭異。自審行雲流水，去住無心。明哲保身，古有明訓。因託詞出遊，離園而去，棲止於金山寺中，閉關三年，不久圓寂。

賓至如歸皆古色古香

哈同花園所接待的巨宦貴賓，最初應為兩湖總督瑞澂。瑞曾任上海道，與哈同有舊。辛亥武昌起義，瑞澂遁跡上海，以哈同花園為租界中的租界，安全可靠，無出其右，因借寓其中。哈同以其窮蹙來歸，為酬雅故，亦樂為其東道主人，不久離去。次之應為孫中山先生。他於就任南京臨時大總統前及退職後均曾駐節其間，作為行館。再次應為岑宮保（春煊），挈眷以來，哈同騰出園中頭埭房屋，為之安頓，相處甚洽。其他當時革命人物，亦有出入園中者。迦陵冷眼相看，見其人來時手拎皮包，輕飄似無長物，去時則箱籠篋笥，纍纍若小阜然，因嘗發為「革命，革命，也就是這麼一回事」之歎。自姬覺彌經理園務後，其所招致賓朋，則又另成一格。所有末代皇親、遜朝遺老、故宮太監、北洋政客、以及存古守舊、是昨非今者，皆在其延攬之列。風聲所及，洋場才子亦多自託於「遺少」一流。偶入園門，視為畢生榮幸，津津樂道，向人炫耀。這些人利其夏有冰敬，冬有炭敬，四時餽遺，都可不勞而獲，故亦樂與籠內佳禽，檻中馴器，和鳴共舞，同為活的點綴品。姬則借重其人過去風光，掩飾本身醜史，從而提高其社會地位。耗人金錢，裝璜門面，有此便宜可塌，自何憚而不為。此外尤有重要的一點，即迦陵雖屬女流，卻富於「復古」思想，羅致遺逸，恰正投其所好。姬嘗於孔聖誕辰等一類節日，肆習鄉飲、鄉射、投壺等古禮。遺老們為了吃了軟的，拿了硬的，久叨盛惠，理宜踴躍。屆時都各穿戴朝服，翎頂輝煌，揖讓升降，大賣其力。濟蹌之餘，渾忘今時何時，今世何世。迦陵似亦樂此不疲，凝神注視，大感興趣。姬則折腰曲背，侍候其旁，只差一聲「奴婢」，全是硝皮李（蓮英）的身段。錢可通神，士多好貨，固亦無怪其然。但天壤之間尚不乏以風骨嶙峋而為姬所不能曲致者。茲就所知，略舉一二。一為朱祖謀（古微）先生，進士出身，為名詞人。一為沈曾植先生，亦進士出身，其所治元史及西北地理，至今學者舉為圭臬。一為康有為先生，舉人出身，於學海與政海中疊起波瀾，其名甚著。這三位抱有同樣見解，以哈同花園為一骯髒地方，姬覺彌更為一卑鄙齷齪小子，縱奉黃金百鎰，亦不願踏此賤地。

姬覺彌於詩詞歌賦，既非所知，經史子集，更非所習。但其名心頗熾，輒欲謬託士林。老天爺總算不虧待他，賦予他一手筆姿，又賦予他一股腕勁。如其按部就班，臨池磨練，似未嘗寫不出一手好字來。可是他卻墮入左道旁門，欲以偏鋒制勝，自創「懸珠體」，作擘窠大字以掩其半路出家，學無根柢。其法以鐵管為筆，繫以鐵練，懸於樑間，下垂及案，分量甚重，用時則懸空在紙上推筆揮灑，虧他腕力不壞，居然運用自如。此時遺老遺少們，都已環立其旁，屏息以待。及見其塗鴉滿幅，擱筆旋身，則又讚歎連聲，許以「自君作古」。姬雖陽示謙遜，陰則沾沾自喜。以為藝海儒林，當然不過爾爾。但如其時生人跑進，恐將訝為白晝扶乩矣。

別具格調的明智大學

話說回來，姬覺彌於文化教育倒不是絕無項獻的。每當大事，迦陵雖自有其抱負，而在當時社會，以一女流，究多隔閡。姬於其間獻替匡襄，未嘗不盡其力。論貴持平，不容以其別有用心，一筆抹煞。其可記者，約有兩事：一為刻印甲骨文，一為創辦倉聖明智大學。

甲骨文字於清光緒二十五年始發現於河南安陽縣，為古代在龜甲獸骨上所刻的文字。安陽為殷代故鄉，經考古家研究後謂為殷人卜事之辭。清末孫詒讓初譯其文，稍開端緒。繼之而起者則有羅振玉、王國維等。羅振玉著有《殷墟書契》前後編、《殷商貞卜文字考》及《殷墟書契考釋》、《待問編》等書，以絀於資，未能付梓，乃商之姬覺彌，利用哈同花園財力，為之刊印。姬以烏目山僧印藏經曾享大名，不甘落後。又以殷墟文字古得不能再古，必合迦陵復古心意。於是慨任其事，請准迦陵，益以鄒適廬（進士）所著金石文字，編為叢刊，由哈同花園出版印行。此書與大藏經一樣，同為大本頭，且為珂羅版精印，所費自屬不貲，這是專門學問，在考證古文史上極有用處，嘉惠學人，意義重大。

迦陵於園中初設女學，嗣設男學，皆屬小學階段，乃屆畢業，乃添設中學及師範班，以資銜接。迄後始由姫覺彌商獲迦陵同意，創設倉聖明智大學。其校址即利用園內東部的僧寺為男校址，西部的尼庵為女校址，所需經費，不待外求。關門辦學，自另有其作風。除依教育部學年制度外，並不同主管官廳主案。所有課程，任意支配，以保持國粹為原則，注重談經與國文。又類教會學校，講授佛經。姫自任為校長，不甚理事。一度曾聘榜眼喻長霖（志韶）為監督。喻為黃巖人，與康有為為同科舉人。康於學問無所不窺，喻則抱殘守闕，埋首於括帖之學，雖掇巍科，實無異冬烘先生。兩人性格亦大異超，康為曠達，喻則拘謹。康常手頭拮据，揮箋向喻借錢，喻雖不願，但不敢全拒。以後喻見康信到來，不待開緘，已知何事，往往蹙額攢眉，為之氣短。校中教員負盛名者，今所憶及，僅為胡光煒（小石）先生，其人邃於金石小學，為清道人的高足，張大千的老師。徐悲鴻似亦曾受聘為圖畫教員。校規獨創一格，各費全免，全體住校，並供給膳食。但吃的全為素齋，惡劣幾難下箸。十天放一次假，後姑改為禮拜，但學生仍須留校，不得出門。園中如遇堂會演戲，學生不許觀賞，但每天法師講經時，則無論懂與不懂，必須出席，其成材以去者有曾任駐公使的吳凱聲及以文名馳騁於港滬文壇的周世勳等多人。

哈同死後三鼎甲題主

此時姬覺彌在園中的地位已是根深蒂固。哈同年邁，又委其經管哈同洋行，大權在握，高下隨心，此中情形，不待詳舉。姑以房租言，以前哈同親自主理時，租值以外，絕不另索一文。至是則巧立名目，頂屋有費，過戶有費，浮收苛斂，全飽私囊。園中人及若干小戶房客，攝於權勢之下，從此一片聲恭稱為「姬老爺」矣。

彩雲易逝，明月難圓，民廿三年五月，哈同以心臟病故世。哈同原不吸食鴉片，迦陵則為大癮。榻旁燈畔，哈同倚徒其間，不禁好奇，偶然香上一口。積欠成習，漸不能捨。但吸量甚微，僅於就寢前，沾唇對火，最多不過兩筒，煙泡亦只如菉豆般大小。不謂其死前數月，迦陵忽迫其戒煙，拒絕分吸。此時哈同已是八十三歲的老翁，體力早衰。陡然戒絕，自不易於抵受，但在積威之下，除服從外別無他途。其子女家人，雖欲進諫，亦因懾慴已久，憚於啟齒。退而謀予偷吸，則迦陵伺察綦嚴，又苦無從著手。

哈同死後，英國駐滬領事館即向其家屬徵收遺產稅，約及二千萬元。哈同雖為鉅富，但多屬物業，那有如許現款。當要求以土地道契抵充，英領館允予接受，而揀精擇肥，迄不滿意。最後送去道契十八張，全屬於南京路的房地產，所謂金溝之地，始予笑納。哈同遺體，亦因此得在園中營其窀穸。

其喪事中使人樂於稱道的即為題主一事。在姬覺彌的安排下，請到狀元劉春霖為題主官，探花商衍鎏，榜眼夏壽田為襄題官。空前絕後，確為盛典，所謂空前者，我們從沒聽到喪禮中有配合三鼎甲為題主襄題的故事。所謂絕後者，則劉狀元等同為光緒甲寅末科的三鼎甲。過此以往，科舉已廢，巨室即欲踵美，亦苦無法辦到。此外尤有一絕，即贊禮一員，亦竟為二甲一名的傳臚朱汝珍，配合齊全，銖兩悉稱，允稱獨步。當時這批玉堂仙客，翰苑清班，於一司閽人牌位之前，磬折為禮。如使哈同死而有知，大可自豪。但如聽到那份謝禮，耗去數萬金，又可想見哈同必將拍案頓足，痛罵姬覺彌徒慷他人之慨，混帳該死。

中共渡江收園為公有

迦陵夫人遽喪所天，愴痛自深，號啼不息，因是視覺發生障翳，闇冥無光。而姬覺彌在外搞女人借小房子的消息，亦於其時傳入她的耳中。她以東主地住，擬加管束。但以其為私生活，又不便干涉。鬱悶之餘，致盲一目。及民卅一年秋，她以肺病下世，則雙目皆早失明，雖豐於財，居無補於晚景之空虛寂寞。身後事宜，自亦有一番排場，但視哈同喪禮，則相去甚遠。冥冥中所引為慰者，或為附葬園中，猶得與哈同同穴耳。

不謂繐帳風淒，變生肘腋，即在迦陵病逝當夕，其家人於深夜間突接捕房電話，云有鼠竊之輩，撬撥哈同洋行門窗，為巡警所發覺，已被逮捕，著往檢點。當即派人馳抵勘察，幸因破獲及時，現款銀摺，均尚全齊。但駭然於這批歹徒，並非外人，全屬該行內賊。馬跡蛛絲，不待深究，姬覺彌遂於逐客令下，抱頭鼠竄。

其後家屬爭產涉訟，糾纏甚久，至抗戰勝利後始告結案。一般律師聞人流氓以及京滬有關當局均曾插手其間，當然均沾利益。中共軍渡江後，將該園收歸公有，限令其家屬於十天內讓出。哈同夫婦遺櫬則遷往虹橋公墓落葬。然後將全園夷為平地，另興土木，建築中蘇友好協會，事屬瑣瑣，恕不詳記。從此哈同花園，僅為志乘上的掌故，一草一木，渺不可存矣。

孔尚任桃花扇有云：「眼看他起高樓，眼看他宴賓客，眼看他樓塌了。」傳世名言，發人深省。年來以哈同花園為寫作題材者，輒加引用，以洩其欷歔感慨。其實莽莽乾坤，尚輕一擲；區區園囿，那許長存？何所見之不廣耶！

特稅特商與中國鴉片史

在近代中國史中，鴉片實佔重要地位。癮君子於其「嘯傲煙霞」之際，搿好「扦」兒，蘸上「膏」兒，傍住「燈」兒，撚成「泡」兒，然後裝上「斗」兒，啣住「槍」兒，對準火頭，嘬吸下去，直樂得通體舒暢，百脈憤張。而不知在此一燈一斗之間，其為禍之烈，已不止於弱種亡身，直可傾城傾國。民國成立後，煙禁廢弛，毒氛倍見瀰漫。西南省份種植罌粟，遍地皆是，大有「萬里栽『花』算種田」之概。其間軍政各費，多以鴉片作為通貨，折價支付，已覺離奇。而滇軍於出發作戰時，渾身披掛，洋槍外有煙槍，遠道饋糧，黑飯重於白飯，更成話柄，尤屬奇觀。

北伐軍與鴉片煙妥協

以上所談，聊資噱引，都為題外文章。本篇所述，則限於民十五年起至民廿八年止的鴉片煙事件。易言之，始於北伐，而終於抗戰時期之武漢大撤退。其內容分作兩部份：一為由鴉片煙所產生的特稅特商情形；一為在特稅特商下所發生的各種公案。筆者與芙蓉仙子，向乏香火因緣，彙集所聞，製成筆錄，一望可知其非內行人語，自不免於掛一漏萬，跡涉糢糊。但就大體說來，似尚不失其真確性。所冀有「道」君子，不吝指教，俾此一段史實，得以充實內容，這便是筆者拋磚引玉的本意了。

民國十五年七月九日，國民革命軍誓師北伐於廣州。其所揭櫫的兩大標語：一為打倒帝國主義；一為鏟除北洋軍閥；弔民伐罪，先聲奪人。師行所經，紀律嚴明，更贏得老百姓的簞食壺漿，歡迎恐後。跡其初期戰果，漢口九江等埠租界次第收回；吳佩孚、孫傳芳等大軍閥先後打垮；一般地方封建勢力多被誅鋤掃盪。循名核實，亦確事皆實現，語不誇張，大慰老百姓喁喁之望。

但在武漢收復後，以北代軍的朝氣勃勃，凌厲無前，獨對百年為害的鴉片煙反抱妥協態度，殊足使人驚訝。其實這裡面的理由原極簡單「萬事俱備，只欠東風。」北伐軍缺乏的原就是錢。此時局面擴大，支應倍見浩繁。戎馬倥傯，商旅裹足，稅收則大大減縮。而在新佔領的地區內，初來乍到，一切陌生。籌餉理財，點金乏術，則益苦於手忙腳亂。軍事進展，動如脫兔，如使財力無以為繼，則戎機坐誤，險象立呈，其影響極為深鉅。處此境界，在在需錢，在在忙錢，而最不易忙到的即正是錢。因此，明知鴉片煙為一毒物，沾手不得。但以利藪所在，為遷就現實，權衡利害，審察緩急，從而把禁煙推遲一步，先予利用，事固未可厚非。

特稅為籌款不二法門

迄至國府定都南京，天下大定，與民更始，正屬其時。雖曰「革命尚未成功」，而禁煙應列為「同志仍須努力」中的重點，在理自無疑義。其時全國統一雖未臻於健全，政令頒行雖未能全無阻礙，但如決心禁煙，為民除害，在理直氣壯之下，誰敢甘冒不韙，公然反抗。故以勢言，當亦不虞扞格。無如喘息稍定，內戰隨起。始則黨內火併，繼則黨外鬥爭，終則釀成一片混亂。兵連禍結，十載悠悠。此項戰費所需，試問從何籌畫？湖北、江西等省，為軍事總部所在地，徵款徵役，負荷極重。省庫所入，無以自存，不得不由中央補貼。此項協款所需，試問從何挹注？內戰之中，又常發生以前所無的怪現象。為使對方力量癱瘓，穩取勝利，每於疆場之外，採用銀彈攻勢，一擲百萬，利誘招降。此項運動費所需，試問從何騰挪？第一次世界大戰後，戰術由平面展為立體，空軍建設，原當未雨綢繆，但在當時需要言之，與其認為在國防上養精蓄銳，毋寧視為在內戰上誇耀利器。此項購機購料之費，試問從何所得供給？此外諜報之資，酬贈之儀，各類所需，試問從何予取予求，不虞短絀？按之國家歲入歲出，均各編有預算。即使補短截長，亦自有其限度。如在預算上無此項目，而在事實上有此需要。或在預算上有此項目，而實際需要超越其所規定限額。情勢所迫，自不得不另闢財源。由鴉片煙而徵收的特稅，雖不足以抵補偌大用途。但日計月累，為數可觀，固不失為重大貢獻。重以此項特稅，原不列入正供。運用之間，隨心所欲，不受任何拘束，更屬取便。因此種種，故不得不依循故轍，仍恃鴉片為一籌款法門。白日青天，坐是毒氣瀰綸，自不免黯然失色。至南京所設置的禁煙委員會，僅為應付國際的官樣文章，絕不相干。話說回來，如因上所云云，即謂國府始終無意禁煙，則其深文周納，徒為荒謬之談。但為環境所厄，情非獲已，所抱決心，致難貫徹，則一如事實之所昭示，固不須為之稍諱。

將督察處改名禁煙局

北洋軍閥統治時期，各省通都大邑，類有軍警督察處的設立，由當地駐軍警察局聯合組織而成。以維持治安嚴防奸宄為主管事項，實際則以包庇煙土及查緝私煙私土為務。當時漢口軍警督察處設於模範區。處長一職，由陸軍第二十五師騎兵團團長李耀庭兼任。李雖軍人，身長不滿五尺，短小精悍，人多稱為「李矮子」而不名。湖北原不產煙，到漢煙土，多為川貨，中水道從宜昌運來。此中有一界限，其在漢口上游銷售的煙土，統在宜昌辦理手續。其在漢口及其下游銷售的煙土，則歸漢口掌握。因此，由宜昌運抵漢口的煙土，為證實其並非私運，每包均貼有特製印花。此項印花，以黃裱紙製成，蓋有墨印「運省銷燬」字樣。此因公然運土，究屬體面有關。掩耳盜鈴，故特著「銷燬」兩字。其所以採用黃裱紙亦自有故。因其質地稀薄，纖維疏落，黏貼以後，或與煙土包皮滲合如一，不會脫去。縱其邊緣有所損毀，但總有一部份存留，仍易稽查。此項辦法，以後繼續沿用，成為定型。

北伐軍抵達漢口後，軍警督察處即被撤銷，其職掌之煙土一項，特設禁煙局綜理其事，直隸於陳公博主持下的財政委員會。名為禁煙，實際適得其反，此為革命力量向鴉片煙開始妥協。其與督察處所不同的，即以前該處所收之煙土稅款，均由該一機構的有關方面，朋比分潤，統入私囊。禁煙局所徵收的，雖未必涓滴歸公，但已列為財委會的收入項目。

徵收特稅年達三千萬

財政部成立後，禁煙局改名為禁煙處，直隸財部。處長鄒敏初，為廣東人，原在湖北承包牙釐稅項。至此仍以包商姿態，承包煙稅。但此一制度，不久即告撤銷，收回自辦。寧漢合併後，改名為特稅處，仍隸財部。最後湘鄂皖贛，四省剿匪司令部成立，又易名為禁煙督察處，改隸行營直轄。特稅處先後歷任處長為徐瑞林、白摶九、沈慶圻、李慕青、楊烱、沈公×、李慕青（回任）、熊子嘉等各位。桂系控制武漢時所委處長尚未列入。至禁煙督察處處長則為黃振興、李鴻基兩人。此項職位，雖非顯秩，但不失為要員，更不失其為肥缺。移星轉斗，各有千秋。如無政治上的奧援，轉易爬不上去。茲姑舉沈慶圻而言，其微時與某一顯要同隸盛宮保帡幪之下。沈任譯電員，某顯要則任英文翻譯。在逢場作戲，一元一底的撲克賭局中，其時某顯要猶認為底子過大，不敢落手。不謂後來富貴逼人，位晉樞機，富埒王侯。而沈亦得夤緣時會，騰踔一時，淵源有自，固非無因而至。又此一機構，以接收「李矮子」的督察處開始，以李鴻基任督察處告終。

先後兩字，殿最其間，事亦一奇。

由禁煙局幾度改名而成為禁煙督察處，名義雖殊，其組織並無變化。除行政上分科辦事外，業務上設有運輸處、監管所、稽查所。運輸處備有輪駁車輛，專司運土之職。監管所負責收貨收稅。稽查所負責緝捕私運。特商將其煙土交由運輸處運抵漢口後，憑單向監管所繳稅提貨。其情形與目前香港商行於訂貨抵埠時，備款向銀行贖單取貨，彷彿相同，手續簡便。綜計每年所收稅款，約近三千萬元。其核計方式，每兩約徵一元，以擔為單位，每擔為煙土一千兩。

漢口變成為黑色首都

煙土又稱黑貨，上海白相人搶煙搶土，每以「黑吃黑」為切口。表示這些勾當，原是見不得天日的。其時在特稅上亦有「黑吃黑」的情形，其已貼好印花繳足特稅的煙土，在轉運到另一省境時，並不能保證其通行無阻，有時仍被徵稅一番。否則以私土論，沒收處罰，輕重隨意。特商遭到此項損失，只得如啞子吃黃蓮般，直嚥下去。按：稅外加徵，原干法紀。但此原為家醜，糞窖何能自掏。而大利所在，過手留香，也正是人情之常呢。

以中國的鴉片產區言，不見罌粟花的省份，為數不多。其在東北，則有所謂東土，質地最優，但很少流入關內。其在察綏，則有所謂「北口貨」，質地較劣，在敵偽時期始輸入長江下游。其在陝甘則有所謂西土。其在四川則有所謂川土。其在雲南貴州，則產量甚豐，而雲土尤負盛名。漢口位於長江北岸，縱跨漢水南北兩岸。由此沿長江本支各流，可達湖南、江西、安徽、江蘇、四川、雲南、貴州各省。若溯漢水本支各流，則可達陝西、河南兩省。隨波接浪，輾轉迴環，故舊有九省通衢之稱。自平漢、粵漢兩鐵路相繼敷設完成後，北綰燕雲，南連百粵，尤為全國水陸交通中心。川土由江東下，經宜昌而向漢口集中。黔土除部份運往兩廣外，其餘亦以漢口為其尾閭。雲土出路，與黔土大致相同，但因香味特濃，遠及安南與南洋各地。其中半數，仍以漢口為其交易市場。陝甘兩省產土，運抵漢口者為數不多，但在襄河流域的老河口，一水盈盈，與漢口可通舟楫。陝豫煙土，即以老河口為其集散之地。漢口下游的武穴，長江往來大輪，時有停泊，煙土轉運，多由此輸往東南。以故就地形而言，除東北察綏以外，漢口儼如黑色首都，全國煙土，此為總滙。徵收特稅，亦以此為大本營。

至於各省所設的分處，黑色首都能否加以控制，那得看行政首都——南京的政治行情以為轉移。有些省份，根本不理。有些省份，忽拒忽迎。其與黑色首都表示合作的省份，則以在利益上平分秋色為其先決條件。惟西路的宜昌，東路的武穴，北路的老河口，南路的長沙，均為緊接黑色首都的銜途要害，吐吞控縱，總處必須加以掌握，故又儼然成為黑色的四大重鎮也。

自民十五年起至廿八年止，煙禁與特稅可略分為三個階段。其始為繼承北洋軍閥舊制，僅在名義上有所改換，其實質並無變更，可以略而不談。繼之為禁煙局劃歸財政部管轄後，始將特稅列入歲收特種項目，並企圖廓清以前侵漁稅款朋比分肥等各項積弊，化私為公，充實府庫，抵補軍政各費。此雖不失為一種改革，但禁政與徵稅的比重，大相懸殊。坦白地說，與其視為寓禁於徵，毋寧謂為徵而不禁。鴉片原是黑的，黑幕重重，由來已久。如使寓禁於徵，尚難免於批評。若徒徵而不禁，誰肯甘於袖手。因是上自有槍階級，下至水陸私販，內而禁政人員，外而緝私軍警，各自祭其法寶，大顯神通。其間扶同匿稅，包庇走私，擾擾攘攘，迄無已時。甚至武裝護運，大動干戈，亦屬司空見慣，不足為異。

禁煙督察處的突出點

於此，筆者須先指出的，即此一階段是開始於漢口設置鄂豫皖三省剿匪總司令部時期，而終於抗戰之發生。以前實際上原無所謂禁煙，至此始確立寓禁於徵的制度。以故此一時期主持此一計劃者即為總部秘書長楊暢卿（永泰）先生。

先是民二十年七月，長江大水。漢口一帶，幾成澤國，災情甚重。經華洋各界合力施賑後，旋於水位降落時，修築江堤。此一華中巨埠。終能恢復舊觀。但在巨浸過後，匪患又復蔓延。單就湖北一省而言，自上游宜昌沙市起以迄武漢周圍，風聲鶴唳，時在告警之中，於是漢口乃有剿匪總司令部的設置。軍事時期，總部權力當然涉及政治。眼見毒氛一片，周匝瀰漫，特稅收入，復多中飽。因著手整頓，成立清理兩湖特稅處。旋經改制，易名為禁煙督察處，由總部委派黃振興為處長。黃為粵人，向辦後方勤務，為俞飛鵬的老助手，曾任上海市公安局長及平漢鐵路局長。此君辦事認真，頗富苦幹精神。因此不得人緣，致有「狗屎」的徽號。此時委充斯務，恰為適當人選。

禁煙督察處的突出點，即除繼續徵稅外，並作有計劃的禁煙，一反前此對於鴉片的一味妥協。經擬定各項規例，使特稅得以集中收入，藉利剿匪軍事之進行。又照顧實際情況，於煙禁不遽採取急激主張。在逐步收緊中，由縮小種吸範圍以至於最後根絕。此中附帶著另一作用，即為使此稅源延展至相當年限，俾能適用軍事行動及政治建設所需的支援。

為配合此一情勢的發展，禁煙督察處下分設監察、會計、緝私三處，以李基鴻為總監察，黃為材為會計長，邱開基為緝私主任。處下設科，分層負責。此三處在表面上各有其獨立性。但在章則上則又寓其互相牽制的功能。監察一處。職權較大。其於各處各科，雖無直接指揮之權，但可隨時加以考核。此猶銀行中的總稽核然，其地位雖稍遜於總經理，而審核帳項，盤查庫房，彼皆有權隨時為之，不受限制。大凡一個機構，制度必先嚴密，事功才能發展。以往禁煙機構，原屬散漫無章。謹愿者因循敷衍，狡黠者乘機漁利，其腐敗比任何機構為尤甚。故在全盤整頓下先以整飭內部為務。

嚴格管制種煙與運土

關於禁煙督察處的業務進行，特定「種」、「運」、「售」、「吸」四項。參酌舊制，補訂新法，希冀由此發揮其「禁」的效能，並由此增強其「稅」的徵比。

西南各省，當年幾於遍地種煙。有次張學良因公前往貴陽。到達之際，已是夜幕低垂。行館之中，賓朋襍遝，自無暇留意外事。一夜過後，次早推窗展望，發見一牆之隔，盡是罌花。嵦白殷紅，臨風搖曳，張氏原自抱「道」在躬，至此亦不禁搖頭太息，連喊「太不像話」。舉此一例，其餘可以概見。督察處成立後，即將產煙地區，劃定範圍，逐年縮小。尤其鐵路沿線十里之內，觀瞻所繫，懸為厲禁。每年於鴉片收割前，總部特派專員，分馳各省，會同當地官廳，帶隊下鄉，親身履勘，其不依照規定，私種植者，所有煙苗，一體鏟除。其間雖仍不免於不實不盡，以及煙及頑抗，釀成流血慘案，但在大體上尚能奉行。這是屬於「種」的方面。

次為運土，在當地官廳監督下，煙農於罌粟刮漿後。焙製成土，由行商價購運往集匯碼頭，轉輸他處。如以四川酆都言，其所產煙土，統由行商先運酆都集中，然後輸往萬縣、重慶，轉輸出境。督察處於萬縣、重慶等地，均各派駐專員，負責點驗，予以登記，使其無從走漏。按之煙土價格，在產區原不甚昂。但其間多經一手，便多一重剝削。相互轉嫁，成本增大。迄達吸戶之手，計值自鉅。為求避免剝削，善價而沽，私販跳樑，自所難免。督察處為防緝私網容有漏洞，故同時於運輸上予以嚴格管制，使其首尾相銜，不脫掌握。藉斷私販之路，以免影響稅收。且防私土流入民間，轉使吸戶益眾。

兩年禁毒與五年禁煙

其於「售」的方面，以前規定各地行商所運煙土，到達漢口後，一律售給領有執照的特商，特商購得後，蠆批零售。或熬膏發賣，儘自有權處理。惟行商則不得直接發售。此與官查引岸，頗有相似之處。督察處成立後，此項辦法。悉仍舊章。因售土僅與徵稅發生關連，不涉禁政。既於稅收無損，自無更張必要。惟是一般特商，多屬空心架子，並無雄厚實力。憑其一紙執照，設立行號，每多捉襟見肘，週轉無從。好在此輩另有特長，吹嚇哄騙，頭頭是道。往往故弄虛玄，誘致行商入彀。一待取到貨色，便成過海神仙。因此川滇黔各路行商，滿載而來，傾囊而去，大是不乏其人。

對於吸戶，督察處採用領照辦法，規定戒絕時限。其間伸縮，一視吸戶的康健情形以為轉移。用意所在，除確定癮君子的身分外，並預防未吸者的沾染。一般吸戶，每每託病，以為吸食鴉片的藉口。其實是嗜痂成癖，割捨不得。可是在當局決心禁煙之下，此項籍口，已難長期利用。因其已訂有鐵一般的原則，即所謂兩年禁毒五年禁煙是。申言之，即自民廿四年起至廿五年止，所有嗎啡、白麵、紅丸等一類毒品必須肅清。又自民廿四年起至廿八年止，所有鴉片煙的種種售吸必須一體禁絕。嚴令煌煌，不稍寬假，以故廿五年後，因販毒——吸毒而被處決者時有所聞。向使中日之間，戰事不起，在嚴刑峻法之下，此項原則之貫徹執行，當屬可能之事。

中國農民銀行的誕生

剿匪期間，軍用浩繁。特稅的收入，僅供挹注，不足以言抵補。如按照上開辦法，逐年縮小鴉片產區以及逐漸肅清吸戶，則此項稅源亦必隨而壓縮，其影響於大計者自鉅。因此另訂方案，以特稅的一部份撥充資本，又以鴉片煙作為準備，稍加籌備，即於漢口設立中國農民銀行。

此一銀行，屬於國家金融機構，當然取得鈔票發行權。創辦之初，由特稅項下撥給該行資本一百萬元，旋指定所收特稅統繳該行作為存款。此外又由該行設立公棧，著將所有特貨（即煙土），統解公棧保管。先天後天，它都擁有無比的優越條件。第一任總經理為葉琢堂氏，後以病去，繼任者為徐繼莊。相傳該行總經理室懸有中國全圖，所有該行設立之處，例在該一地點插立小旗，以為標識。自徐接任後，經時未久，其釘旗密度，已使此一角與圖，無從容納，進展之速，自是驚人。因此當局大為嘉勉，目為後起之秀。該行鈔券，因每個角落，均有大量湧入，故其發行總額，最後超越其資本額百倍以上，竟達一億數千萬元之巨。其由此項鈔券在農村換來的大宗黃金白銀，則統存於中央銀行生息。據說：僅此一筆利潤，已夠該行全部開支。

顧名思義，該行性質自與一般銀行不同，應以活潑農村經濟為其營業重點。當時軍事行動中的各省，迭遭兵燹，滿目瘡痍。如確以復興農村為務，則該行設立，固如及時之雨，正合農民需要。無如實際措施，並不盡然。觀於上文，可思過半。惟在軍事支應上，由於特稅與該行發行權之得心應手，交互為用，則確擅其左右逢源之勝。在此以前，國家銀行為中央中國交通三行。及至農民加入，及以「四美具」的資態改變了「三鼎立」的局面。鴉片煙的偉大功能，至此總算發揮盡致了。

話說回來，暢卿先生於其軍書旁午庶政叢集之餘，打疊精神，夜以繼日，把這亂雜無章腐敗不堪的特稅與煙禁，於短期間釐訂出具體辦法來，勞怨不避，征禁兼施。又把腐朽化為神奇，利用時會，創辦銀行，既紓司農仰屋之嗟，復盡取精用宏之妙。其思慮過人，大氣磅礴，雖在今日，固猶令人低徊不已焉。

在鴉片煙的「種」、「運」、「銷」、「吸」四部曲中，「運」、「銷」兩項，起著很大作用。不有運銷，則種者無由大量輸出，吸者無由取得補充。換句話說，不有運銷，則鴉片無由流毒人間，釀成莫大禍害。但如純就商業立場以觀，運商備足資本，深入產區，輾轉長途，涉歷風險，其應得利益，原當遠較特商為勝。無如在實際上，則運商為維護其本身利益，雖另有公會組織，而形格勢禁，受制於人，絕難有所主張。所有運商，幾全為特商所操縱，亦即為特商公會所控制。

天經地義的黑吃黑

特商的性質同於牙郎，其所設的行號同於牙行，在貨物買賣過程中僅充居間人的角色。以其為無本生意，所有經營牙行的須向官廳納稅，才能設行營業。此項稅法，分作帖費與年捐兩種。前者為牙行向官員領取行帖時所繳之費，行帖即等於今之營業執照。後者為每年應繳之捐款，年捐即等於今之營業稅。牙行本身所得的利益，為代客買賣貨物所取的牙錢，即今之所謂佣金。最初特商性形，彷彿如此。按照此一制度，貨物買賣，雖經牙行之手。而貨物主權，固仍穩操於運商（即貨主）掌握之中。運商投落某一牙行，不啻為其平添一份利益。故在牙行方面，運商為其必須爭取的主顧，並為其必須加以維護的對象。但此只能語於正常貿易，在鴉片煙這一行業中，則特商對於運商，直是搤亢拊背，恣意挾持。除應驗了「貨到地頭死」這句老話外，當然還有其他重要因素。

商場如戰場，在正常貿易中，爾詐我虞，明搶暗奪，尚多費盡心機，要盡花樣，以博取其不正當的利益。鴉片煙是什麼？這是黑道上的勾當，一面公賣，一面卻還犯禁。如果在這項交易上講良心、談道德，那是世界上一等傻人，根本不配幹此營生。以故就中欺哄倒騙，以黑吃黑，在一般貿易上認為過於毒辣，在這一行業上卻視為地義天經。明乎此，則特商之專吃運商，自不屬於人咬狗的奇特新聞。

按當年運商和特商這一群，多與幫會有關，出身於地痞流氓。雖不盡是紅眉毛綠眼睛地長著滿臉凶相，但其心肝比之鴉片煙黑上加黑，則如同一娘胎所產，絕無二致。那麼運商怎肯低頭一任特商的擺佈呢？這就又應驗了「蛟龍難鬥地頭蛇」的老話。

運商把滿載的煙土運到了漢口。這比不得一般貨物，過手留香，人人都思染指。但運商遠離了窩邊以後，進入另一環境，縱然他是一頭猛虎，在防範上也就不易使出威風。即使當地的大流氓，顧全江湖道義，不願遽存覬覦之心；即使軍警兩方都有安排，不致假公濟私，故開玩笑；但小嘍囉們是神出鬼沒的，眼對大宗行貨，誰不垂涎三尺。躲得明槍，難防暗箭，在虎落平陽之後，能否招架得來，這話也就難說。因此，即置特商於不論，運商對於當地的黑社會，在勢已不得不暗自低頭。

當時的漢口雖為「黑色首都」，各路煙土，江漢朝宗，但其絕大多數均由此轉輸東南，本銷實屬有限。運商廣搜累積，滿儎而來，偌大數量，欲求脫手，固非一朝一夕所能為功。自卸貨入棧起，其間如何躉批發售，如何零沽應市，以及由此連帶產生的種種問題，更非憑運商一手一足之烈所能為力。以故就其業務而言，運商之須借重特商，即使其無官方規定，亦為事實之所需要。

何況此中還有其奇特之點，為一般牙行所無而為特商所獨具者。即煙土落棧後，便整個地脫離了運商的掌握，改用特商戶名登記。按照規定，運商原不得直接發賣，但演變至此，即並運商對於貨物的所有權而亦無之。此一惡例，在特商為強賓奪主，在運商為以柄授人。其結果特商初猶止於操縱控制，終則以吃人不吐骨頭的貪狠，直使運商血本無歸。

特商終告黔驢技窮

其實運商亦自有其後臺老闆，只因販運煙土，不夠光鮮體面，以故匿身幕後，不願露面，乃由運商頂名營運。以往遭受特商欺詐，雖不甘心，但因虧耗不大，忍隱不言。及至特商變本加厲，大肆猖獗，後臺老闆，損失過鉅，在忍無可忍之下，自不得不挺身而出。因此有一時期，川、滇、黔等省政府及商人的控告文電，幾如雪片飛來，高可盈「丈」。但禁煙當局，始終提不出處理辦法。個中情形，使非由於貓鼠同眠，當另有其不可告人之隱。後來事態發展，日益嚴重，甚至牽涉到政治問題。紙難包火，直鬧到極峯跟前，方始嚴飭改革辦法，糾正錯誤，准由川、滇、黔、滬、汕五地行運各幫，集資在漢口自設土行，以運商而兼特商，這才解除了原有特商所加的桎梏。但仍網開一面，其已被特商倒進騙進的，一任其如鴉片般化作一縷青煙，即往不究。

這批原有特商，一向是吃慣用慣倒慣騙慣了的。經此改革後，到貨不經其手，財源自告繼絕，黔驢技窮，門可羅雀，不久窘態畢露，自為其必然結果。但在嫖賭場中，卻仍混充濶老，恣意揮霍。他們既以倒騙起家，曾因倒騙失敗，最後卻仍在倒騙方法上窮思極想。一星燈火，吐霧吞雲。萬縷思潮，此起彼落。在集思廣益之下，居然計較出一條妙計來。心狠手辣，膽敢以倒騙運商的轉而倒騙政府，一下子且給他們倒騙到二百萬元，數額之鉅，大可驚人。斲輪老手，確多妙著。其間經過情形，容待下文再說。

黑色豪客習奢縱慾

現在掉轉筆鋒，略談特商公會梗況。按之禁煙與特稅，因隨政局動向，時有變異，故本文僅從北伐後談起。特商公會，則在軍閥時期已有其一貫組織，故須略涉北伐以前事。原先漢口特商，計共二十四家，多屬土著。並如前說，多出身於幫會份子及地痞流氓。他們原為煙土私販，後來搖身一變而為特許商人，故名特商。由特商組成的公會，其作用為協助當局，承上轉下，推行有關政令。背地裡即為借此勾結官場，以期壟斷此一行業的利源。其經費就運商到貨徵收，每擔煙土納費五元。當年各路運漢煙土，平均月有三千擔之多，故該會經費每月即有一萬五千元之鉅。四十年前，此數極屬可觀；但該會整個收入猶不止此。一遇特別開支，所需款項，仍向運商分別攤派。予取予求，從心所欲。浮收虛報，信筆所之。年終結算，如果餘款尚多，除酌提少數公積金外，其餘統由此廿四家特商，朋比瓜分，各入私囊，而美其名曰「打公」。徹頭徹尾，運商始終處於被榨取的地位。

會長趙典之，亦湖北人，本業棉布，原為正式商家。於此特商行列中，就其出身經歷而言，自屬個中翹楚。此君能驕能諂，敢作敢言。逢迎當道，周旋各界，不失為長袖善舞。而翻手為雲，覆手為雨，又克盡其變化之能。自軍閥時代起以至三省剿匪司令部設置前後，他憑藉此一特殊環境，左右逢源，縱橫自喜，儼然以漢口的杜月笙自況。

當年漢口市面繁榮，這批煙土商人，確有相當貢獻。而其習奢縱慾，亦復盡其能事。以言嫖，當地原有蘇幫、揚幫、本地幫各色姑娘，土商們初猶樂此不疲，終則積欠生厭。於是江南麗質，聯袂而來；歇浦名花，抱衾以至。黃金可愛，紛如仙子凌波；黑佬何嫌，齊向漢臯解珮。以言賭，則中西花樣，並列襍陳，只求痛快，不計盈虧。有時「殺」得興起，竟以隨身法寶（鴉片），作為孤注之資。勝概如雲，揮金如土，大是當之無愧。其時漢口旅業，以「揚子」、「太平洋」兩大飯店設備最為完備。土商都各闢有專房，為其享樂之地。每當夕陽西下，兩店門前，一望盡是簇新包車，魚貫成行。便知這批豪客，已自到來，正在選色徵歌，呼盧喝雉，開始其糜爛荒淫的夜生活。入冬以後，北風漸勁，飯店裡已將水汀燒起，烘得滿室生春。這批土商，長袍脫去，短襖纏身。一時墻壁之間，掛滿了灰鼠紫貂，紅狐猞猁。氣象豪華，場面濶綽，全憑毒質罌花換取逍遙生活。

話雖如此，這批積慾蒙垢的人們，在那些年間，卻也幹過兩樁好事來。第一件雖非出於本心，幹得離奇；但第二件卻是出錢出力，針對需要，不失為難能可貴。

先建監獄後搭浮橋

從來救貧育嬰，施棺施藥，都是一般社團所辦的善舉。特商公會卻不落此尋常窠臼，出人意表地於北伐前一年在漢口建築了一座新式監獄。事緣軍閥時代，漢口的大小衙門直把特商公會視為外府，明徵暗索，恣意誅求。特商公會自審腳不硬，為求太平無事，無不點綴從豐，孝敬備至。惟有司法衙門，為了保持獨立精神，與外界向取迴避態度。特商公會雖欲加以結納，亦因怵於法律尊嚴，不敢謬事周旋。但千里做官，所為何事，法官們眼見肥魚大肉，享受由人。花落庭閒，獨餘寂寞。於是一時憤懣之情，不禁遷怒於一般煙犯，判刑判罰，一味從嚴。趙典之生就一副玲瓏心竅，揣知其中定有蹊蹺。託人緩頰，探聽原因。始知法官雖仍硜硜自守，不願同流合污，但於鴉片商人，決不輕易放過。必使其大大破鈔，才洩心頭怨氣。因此特商運商，多方計議，以自動報效方式，興建新式監獄。藉解法官積慍，且表示其為專對司法方面的貢獻。謔者謂這批商人，遲早都有入獄可能。此項建築，無非為本身預留地步。這雖笑談，但恤囚救苦，要不失為好事的一端。

民二十年，漢口大水。一夜之間，矮屋沒頂，高地行舟，頓成澤國，損失極重。事前特一區（即舊德租界）柏油馬路，地裂冒水，其猛衝矗立，幾如海中水柱，高達數丈。預兆水勢不僅由於江堤坍塌，江水灌市，即地層亦早伏有危險。各方急賑搶救，苦於交通無路，面對洪流，徬徨無計。此時這些土商，忽然良心發現，大解厥囊，不避艱險，租用長寬木板，指揮工人，把全市數十條馬路，盡量趕搭浮橋，使坐困者得以奪路逃生，施賑者得以沿街發放。其為意存懺悔，亦未可知。而一眚之德，固不容予以抹煞也。

關於漢口土著特商串同倒騙政府二百萬元一安，茲特述其梗概。按照當時此一行業環境，由於土著特商貪狠成性，侵蝕運商，無所不用其極，因而釀成大波，驚動極峯，嚴飭另定辦法，准由川、滇、黔、滬、汕五地行運各幫，集資在漢口自設土行，以運商而兼為新特商，藉以解除土著特商之操縱剝削。經此徹底改革，土著特商自是縶手縛腳，無法展其狡獪，營業一落千丈。但如改頭換面，安份經營，外銷雖難染指，本銷尚有市場。以漢口之繁榮，湖北地區之袤廣，十停生意，仍可保留兩停，縱難如前此之日進紛紛，至低限度，亦足使其生活穩定。

土著特商走上末路

無如幹這行業的，居心總像煤炭一般的黑。他們雖已瀕於山窮水盡之際，仍然自掘墳墓，直向黑洞裡鑽。對於本銷煙土，無論批發零沽，或熬膏發售，其中成份，至少滲雜二三成料子，恰合上掛羊頭賣狗肉的老話。所謂料子，和鴉片煙同色同味，但缺乏提神益氣的功能，儘抽儘吸，終不抵癮。他們於以假冒真騙取高價之餘，反而自鳴得意。施施然然向著人說：「禁煙，禁煙。我們才是真正的禁煙呢！」其言下之意，以為癮君子吸進去的既非全是鴉片，當然不夠抵癮。可是吸量卻可藉此於無形中逐漸壓低，應不失其為禁煙的消極作用。而不知癮君子於黑飯一道積有豐富經驗，拿在手裡，揉揉嗅嗅，是假是真，已能約略辨別。一待吸入，其舌尖感覺，更為敏銳，涇渭立見分明。他們好容易籌到煙資，買來卻是假貨，花錢仍須熬癮，這就等於血海深仇。

上一次當，學一次乖。誰肯再做瘟生，踵門光顧。這麼一來，其所僅有的營業範圍，亦弄得七零八落。為淵驅魚，反代那貨真價實的新特商們引進不少顧客，這就慘上加慘了。

當這批土著特商們以前滾紅滾綠、大顯神通之際，他們依據那不公平的規例，將運商到貨改用其本身土行名義向特稅處登記攫為己有後，以後發賣，運商便失過問之權。收到貨價，儘向自己腰包直塞。無論運商因此弄得血本難歸，即其應代運商繳付之稅款，亦以本票抵用，並不繳付現金。按之金融法規，惟銀行有權開發本票，不謂這批特商亦竟享此特權。銀行本票，一屆時限，必須兌現。可怪的此項特商本票，到期尚可展緩。特稅處為國家徵稅機關，公然接受此項非法本票，又公然於到期後任其拖欠，使非由於特商勢大膽粗，則其葫蘆裡賣的甚麼藥，大足令人尋味。迄至另定辦法，准由運商兼充特商之後，其由土著特商歷次以本票抵充稅款，至此尚未兌現者仍達五十萬元之鉅。以致欠稅纍纍。他們原是流氓地痞出身，又值所業將隳之際，蝨多不癢，債多不愁。無如欠的是屬官錢，本身仍是特商，萬一破除情面，嚴限追比，這落成不久的新監獄，自我捐建，自我入甕，這味兒究不好受，即使從情相商，欠稅仍有展緩可能。但前久未清，無法再提土棧存貨，一線生機，更將不保。因此他們雖尚洋洋一如平時，而內心惶急，則正如熱鍋上的螞蟻。

李基鴻出長督察處

但在他們心目之中，這些還不是急要問題，他們首須解決的是如何維持其慣常的糜爛生活。一如以前所說，他們在嫖賭場中，仍自混充濶老，一時改變不來，其實並不盡然，固另有其作用。因為這些空架子如不繼續擺足，無異把原形揭露開來，一旦給人窺破底裡，便不易在這圈子內繼續活動，影響所及，許多棘手事件，便更無法招架下去。以故他們儘管囊傾橐罄，為了最後掙扎，還須拚命花錢。也就為了種種問題，非錢無法安排。他們不得不窮思極想，希圖闢開生路。因而今天東一集會，明天西一密商，鴉片燈邊助妙思，居然妙想天開，腦筋動到政府頭上。又恰事有湊巧，天助惡人，禁煙督察處（即以前的特稅處）人事上發生變動，更給他們一個可以窺伺的機會。於是倒騙把戲，由此逐步展開。

其時為民廿三年，禁煙督察處處長為到任不久的李基鴻，特商公會會長由趙典之轉為李耀珊。鄂豫皖三省剿匪司令部已經結束，行營將由南昌移駐武昌。此案發生時，極峯和楊（永泰）秘書均在廬山。案中主角當然為李耀珊、李基鴻兩人。幕後策劃者則為趙典之和一般土著特商。就案情經過而言，李基鴻自負其責。以故後來極峯一聲叫滾，他便立刻丟官，咎由自取，無可怨尤。筆者在敘述案情前，先將兩李加以介紹。

李基鴻，號子寬（以前《大公報》的李子寬是另一人），湖北應城人。他以書生投軍，一路升任到許崇智的粵軍總部軍需處長。其時蔣先生正任該部參謀長，彼此接近，機會自多。李的左右嘗稱他倆曾經誼結金蘭，以資誇耀。雖其真偽不得而知，但其一帆風順，歷任財政要職，自非出於偶然。他每到一處，必多新的改革、新的建議，言辭便給，好大喜功。他以廉潔自詡；為太虛法師弟子，茹素唸佛，以居士而兼官身。他原任禁煙督察處總監察，位高而無實權。忽值湖南一批特貨運到漢口，所貼印花發生真偽問題，株連近三十人，釀成一次駭人聽聞的冤獄。當時處長黃振興亦遭波及，召往南昌，表面上由漢口市公安局長陳希曾陪同去贛，其實即是押解。事出意外，督察處一時主管無人，於是李基鴻倉卒受命，承乏處長。他於煙禁和特稅，原只一知半解，並非行家。一旦綜理全局，自是手忙腳亂，因引前特商商會會長趙典之為助，遇事請教。積漸成習，遂於不知不覺間落入其圈套之中。

危詞聳聽處長上

李耀珊為土著特商廿四家之一，繼趙典之出任特商公會會長。趙富策略，李善鑽營。彼此一邱之貉，同惡相濟。趙於幕後運籌設計，李則在其支使下以橄欖核子兩頭尖的身手，尋門覓路，廣事聯繫。督察處內，上自處長，下至聽差，憑著他的鑽勁，結納得恰如其分。

這項倒騙，分作兩次進行，每次為一百萬元。行騙出於機心，而僥倖成功，亦賴有可乘之隙。他們第一次倒騙，無論在漢口督察處方面及南昌行營方面，都各有其巧遇，使他們得以乘虛而入。其第二次倒騙，則在行營發覺第一次的錯誤，嚴令追查之後，但督察處仍自循其覆轍，實大出於事理之常。先是川滇黔滬汕各地運商奉准自設土行後，這批土著特商，營業自大萎縮。又因他們所售煙土滲假作弊，本銷亦復蕭條。重又欠稅未清，無款提貨，更失去活動餘地。其不屬於川滇黔等處之零碎運商，則又鑒於此中變化太大，意存觀，裹足不前。那一時期，鴉片市場，確不似從前活躍。於是他們砌詞入告，藉口漢口市面，全靠煙土維持。商人資本短絀，滯運滯銷，情勢岌岌。政府如不予以支援，則影響所及，初不止於稅收。整個市面，恐將陷於不景。並引鄰省安慶農民銀行擠兌風潮，強調政府必須支援之必要。危詞聳聽，卻恰說中了李基鴻的心病。事緣他自接任以來，每月稅收，期期短絀。而各項經費取給於特稅者，則按期提取，不容稍有支吾。他正在徬徨無計之中，聽到這些說詞，句句搔著心頭癢處。認為幫忙土著特商，使其周轉裕如，即所以擴展運銷，扭轉眼前稅收不旺的窘境。於是急電南昌行營，陳說利害，請准貸與土著特商一百萬元。而不料這批土著特商，此時心理已有轉變。他們深切了解到自有新特商後，其本身已走上沒落的途徑。他們已由償還欠稅，重謀發展，轉移到倒騙巨款，朋比分肥，準備遠走高風，捲逃了事。

一騙再騙終被揭發

南昌行營，設有禁煙科，直隸於楊秘書長之下。科長廖姓，此君為一冬烘先生，所有公事，無分重要次要，一律簽註「請示」兩字，籠在袖中，統請秘書長核奪，絕不簽附任何意見。脂韋取容，直使楊秘書長為之啼笑皆非。於無可奈何中，及將廖調任督察處副會計長，而將會計長黃為材暫行調兼任營第二廳第四組組長，專主審核禁煙特稅事項。李基鴻請求借款的急電到達時，蔣先生已去廬山召開會議，楊秘書長和黃為材等亦皆隨節在山。其處理過程，則因在忽遽之中，忽略了先交主管人員簽註意見的慣例，逕由楊秘書長送請蔣先生裁決。此時軍務政務，萬端待理。這類案件，半屬地方性質，自不予以過份重視。既由李基鴻據情陳請，當即電覆，予以照准。這首重要關頭，遂輕易地被其混過。及至文卷交由第四組整理時，黃為材發覺其事，大吃一驚。洞知土著特商，無非因所出本票，次第到期，無法兌現，以故藉口維持市面，張皇其詞，要求借款。政府縱予寬待，亦只限於本票展期，決無貸以巨額之理，漏夜請准，急電漢口追回成命。無如經此耽延，該項借款，已早成為事實，無可截留。當再三令五申，反復追查，則又不料李竟因循敷衍，一味延宕。

此時這批土著特商，輕易地攫到這宗巨款，自是喜出望外。他們既已準備捲逃，欠稅不繳，猶在其次。且再接再厲，又作第二次一百萬元的倒騙。依照常情，懲前毖後，李基鴻應不致再墮彀中。詎竟自作主張，徇其所請，且不待通過行營，逕行續借一百萬元。一手遮天，以為無事，卻不料恰為黃為材所聞。他以事關職責，不容匿報，乃毅然挺身揭發，蔣先生震怒之下，交由楊黃兩位秉公徹查，一時雖見風火雷霆，卻仍被官場「事無三日熱」的積習所和緩，加以蔣先生只說到徹查為止，楊黃又何過份結怨，於是一拖再拖，直任其拖延下去。

繁如春雨固若磐石

事不離實，先後兩次借款，縱可藉口處理錯誤，然借款自有還期，一展再展，終須有個結束。詎在嚴令之下，圖窮匕現。三十六策，走為上策，這批土著特商，果然準備席捲所有，逃之夭夭，使人無從根究。所幸該處緝私處長邱開基防範甚周，棋高一著，先將查有逃亡證據的特商龍海庭予以逮捕，這纔使這批土著特商，聞風喪膽，不敢妄動。

亦幸因此一足，他們纔感覺到事態嚴重，不容久拖，必須籌一善後辦法，以謀解決。但他們侵吞之款，仍然無意交還。事實上，花的花了，亦難全數交還。於是又由李基鴻趙之典李耀珊等秘密會商，以轉嫁辦法，在特稅上加徵費用，以彌補此二百萬元虧空。並揑詞矇混極峰，誆取同意後予以核准。兩筆借款到此總算得到償還辦法，非非之想，竟然定案。桃僵李代，可謂大奇。

以上所談，全出常情之外，不易使人置信。而不知事事物物，如果沾上一個「特」字，便不能以常理推敲。此案結局，土著特商穩穩地倒騙了二百萬元，並未受到任何處分。川滇黔各處新特商則反無辜受累，從此加納特稅，代負償還義務。四川劉湘對於中央屢致不滿，此項加稅，亦為其一導因。李基鴻為一佛門弟子，抱道在躬。而此一光怪陸離的案件，則正發生於佛門弟子之手。楊秘書就此案作結論式的簽呈中，有「繁如春雨」，「固若磐石」兩語，為當時行營同仁所傳誦。上句描寫行營追查文電之多，下句指出當時李基鴻所持的態度，此中內情，就二語已足令人思過半矣。

湖南煙土貼假印花的風波

為補記前文湖南特貨貼用假印花一案。該案發生於民廿三年，按照當時政治行情，湖南與中央合作，尚較四川之貌合神離為勝。私造印花，不值一做；且亦無此必要。即使確有疑竇，不無糾紛，只須平心靜氣，詳審緣由，核對存花，分析客觀情勢，原不難水落石出，明白真相。決不致株連三十餘人，鬧成震駭聽聞的冤獄。無如揭發此案之人，有意邀功逞能；承辦此案之人，有意乘機傾軋；而奉命會同查辦之人，又屬顢頇糊塗，一任指鹿為馬。三人成虎，置辯無從。三木之下，何求不得。於此數十顆人頭，危如累卵，隨時可以落地。其後雖因贓證無全，未能定讞，卒賴楊秘書長（永泰）之力，予以平反。可憐這批人無辜牽連，久被纍囚，備遭榜掠，省釋之日，已是遍體創傷，淪於殘廢，和鬼門關僅隔一張紙了。

羞惱成怒公事公辦

此案起因極微，其與印花真偽問題原如風馬牛之絕不相及。當事故發生之初，如使一方稍示退讓，至多只是一番劇烈的爭吵，固無掀起軒然大波之可能。事緣民廿三年秋間，湖南有批特貨，運抵漢口。其在啟運時，已照章報稅，貼妥特稅印花，並由漢口禁煙督察處運輸所派輪接運。一切手續，毫無舛誤。到漢口以後，駁運的雖屬官船，裝載的雖屬貼花的官貨，仍須由督察處緝私人員，帶領抄班，登輪查驗，以防夾帶私貨。這也是例行公事，對於任何裝運特貨官船，均係同樣辦理。彼此之間，分隸於「緝私」與「運輸」兩個部門，同在督察處管轄之下，原屬同事。按照以往情形，心心相印。所謂查驗云云，無非奉行故事，絕不致發生衝突。

不料這回查驗，大大不同。其嚴密情形，竟和查驗商船一般。倒篋翻箱，大事搜索。機房溷室，統被檢查。押運人員，原冀抵埠以後，交差卸責，及早歸家，經此延阻，已是怒火中燒。迄至查驗一過，並無破綻可尋，押運人員，遂不免於口角之間，冷潮熱諷，這卻惹起了緝私人員的羞惱成怒，一言不合，立肇爭端。始猶各執一詞，繼則惡聲相向，終則釀成僵持之勢，無法收場。至此，緝私人員變本加厲，由緝「私」轉而緝「公」，竟將存艙特貨，開箱驗看。於金剛怒目之下，看出所貼印花，其上面編印「字」「碼」，筆畫之間，有粗有細，有深有淺，並不盡同。不覺大喜過望，認為抓到漏洞，硬指印花係屬偽造，立持封船扣人，公事公辦，這更是冤獄之所由來。

於此，筆者須加以解釋的。即該項印花，以前沿襲軍閥時期所遺制度，在黃裱紙上印就「解省銷燬」字樣，便算了事，曾見前文。至此已另製有印花，其面積比之普通商業所用者，大至十倍以上，印有花紋，並編印某字某號，俾資查考。但仍用黃裱紙製成。這因每個煙餅，未必全是躉批，有時分塊零售。為使每一小塊仍得黏留一角印花，藉以證明其非私土，因此所用印花面積不能不大。當時湖南來貨所貼印花，編印「冬」、「察」等字號，與以前之因陋就簡，大相懸殊。關於此項印花之印製編號，則由督察處與三省剿匪司令部禁煙組主管其事，各省分處向督察處領用，責任分明，以昭慎重。

飛章告密一砲轟天

此時各類緝私單位，多已與特工發生聯繫。督察處緝私主任邱開基，係從侍從室調來，在特工方面，屬於十三太保中鄧文儀這一系統，根基紮硬，氣燄自張。炫功逞能，正在尋求機會。今於無意之間，其部屬發現湖南來貨，貼的全是偽花，不僅足以反映其平日督率所部認真辦事之勞，且符合其一向所持成見，「特稅裡面處處都有積弊」。於是，不加深慮，一砲轟天，密向南昌行營，飛章入告。平地風波，於焉以起。

極峯接獲此項密報後，勃然震怒，立將督察處處長黃振興撤職查辦。在未徹底查明以前先予軟禁。一面委派該處總監察李基鴻接任處長，以資駕輕就熟。其與此案有關之運輸所所長陳紹棠、該處第二科管理印花之全部員司以及接運該項特貨的船上員工，凡三十餘名，著令一體解往南昌行營軍法處聽審。最可怪者，陳紹棠的姨太太，以一女流，處身局外，亦復橫遭波累，隨同解送。按之通常法理，此類案件，充其量只為偽造文書，串同舞弊，無非交由法院偵查起訴，依循法律途徑解決。督察處雖受行營控制，但在行政系統上則直隸於財政部，究與軍事機構不同。其員工犯罪，應不在軍法處理之列。無如匪患尚未肅清之際，軍權至上，凡百事件，均可受理。何況督察處名為禁煙，實為籌餉。偽造印花，間接即為侵佔軍餉，貽誤戎機。此案移交軍法處理，固亦振振有詞，似與一般深文周納有別。其在軟禁中之黃振興，旋由漢口市公安局局長陳希曾陪往南昌，形同押解。凡所株連，至此無一漏網。邱開基既自慶其大功告成，即其同具特工背景之密查主任周偉龍、第三科科長陳德謀亦為之興高采烈。而此一行人犯，鐵索鋃鐺，輾轉於船唇車腹之間，則成為一路哭矣。

死罪易抵活罪難熬

南昌行營軍法處，氣象森嚴，人犯至此，已不寒而慄，但如依循軍法審訊，猶自有其規例，不致濫用非刑。無如承辦此一案的人員，性情暴躁，好事急功，在已既存成見，不耐推詳；於人則認為所供之詞，一味狡賴。因而嚴刑逼供，榜掠拷摎，水灌火炙，無所不用其極。可憐這批員工，死罪易抵，活罪難熬，只得紛紛誣服，各認受賄。但案情必須追根，並不能即此結束。其中如賄從何來？過賄何人？受賄何時何地？皆屬案中要點，必須逐一揭開。這些問題，卻非這批疑犯所能解答。他們只能誣服避刑，卻無法捏造其他故事。因為他們是個別受訊的，無從串合製造同樣的供詞。上開中的數點，雖可各說各話，而在「賄從何來」這一點上，則必須供詞一致，才能作準。以故此案雖經不斷刑訊，依然不得要領。

其於漢口方面，行營飭將該項湖南特貨提存公棧，委由新任處長李基鴻會同漢口市市長吳國楨，秉公查究該項印花，是否確為偽造。李基鴻率領其本處各部主管到棧開箱查驗時，正在午飯過後，吳國楨亦自到達。李基鴻將包封上的印花略略過目後，輕描淡寫，說是假的。隨手又轉交吳國楨，並備一具擴大鏡，請吳氏對準各包印花上的「冬」、「察」等字編號，細究其筆畫粗細濃淡，是否出於一個版型。此時吳國楨似由宴會上散席未久，酒味甚重，醉眼模糊，裝模做樣地拿著擴大鏡諦視，隨也喊出「冬字不同，察察互異，全盤是假。」究竟怎樣是假？怎樣才算真？他倆始終都未說出所以然來。就此草草終場，匆匆具覆。行營各犯，供證尚未鍛全，而印花是假，則幾成為鐵案。

是真是假天才曉得

這些印花到底是真是假呢？督察處的員司，雖憑其多年經驗，亦難猝下斷語。其中明白事理的人，則以為事不離實，心必求虛，不宜依據成見加以衡量，曾以旁觀立場，提出如下見解。

（一）湖南分處所用印花，向由該分處呈請漢口總處頒發領用。此時應將其所貼用印花，取與漢處存花，互相勘照，以明真偽，方為正辦。若專就包封上所貼印花，加以比較，試問標準何在，詎不滑天下之大稽！

（二）假設該項印花，是由湖南分處所偽造，而與總處有關部門串同作弊，則兩湖特稅，彼此沾潤，原訂有分稅辦法。湖南私造印花，所得無幾，何致貪圖小利，冒此不韙？又：湖南特貨運往下游，儘可經由江西的修水、銅鼓一路輸出。荒僻之區，使用偽花，便利不少。何致自投羅網，貿然運抵查驗較嚴之督察處所在地的漢口來？基於上述理由，可見串同作弊之說，無非揣測之詞。

（三）湖南分處領用印花若干，用去若干，仍存若干，無論分處有其帳冊可稽，即總處亦有其底案可查。只須派一幹員，馳往稽核，然後與總處底案互相對照，查明有無溢額，已足使疑團剖解，真相大明。何須風火雷霆，張皇其事？

這些推斷，以李基鴻在處多年，久歷其事，豈有不能理解之理。如彼能挺身而出，仗義執言，案情縱難即時大白，但於在押員工固不失為轉捩之機。無如排擠傾軋，原為官場慣用技倆。他的接任處長，雖不由於排擠而來。但既高坐堂皇，自應為本身著想。如使案情平反，黃振興萬一回任，豈不是自貽伊戚。因此他就不得不明知故昧，意存傾軋了。

全案冤情終告昭雪

最後楊秘書長（永泰）以印花即使偽造，但提不出主謀之人。受賄雖經自承，但提不出確鑿贓證。卷牘如山，空言何補。纍囚可憫，超豁何時？於是，又飭將漢口存花及湖南來貨所貼之印花揭樣繳呈，並將所有印花上編號之戳記一併繳解，以憑查核。經他在燈下勘照考驗後，始發現此一禍根，全出於戳記之上。原來這些戳記，均以木料刊成，經過長期使用，磨擦過久，木質多已剝蝕，筆畫自見模糊。蓋印之時，又因腕力不均，輕重難免，以致印成字樣，粗細濃淡，益不相類。最初揭發此案者以粗心而遽加武斷，繼之承辦此案者以疏忽而懶於推詳。於是這批無辜受累之人，幾罹覆盆之冤，瘐死在獄。當囑秘書陳方（芷町）將全案經過以及當事人所受誣罔之辜，檢齊證件簽呈極峯，請加裁決，長達二萬餘言。披閱之餘，極峯意良不忍，立命全案人犯，統予開釋，並派員慰問，每人頒給慰問金五百大元。全案冤情乃告昭雪。可憐這批人雖幸一命能逃，卻多肢體殘缺。因經不斷吊打，姆指爛脫，出獄之時，已早成八指頭陀了。

禁煙督察處長黃振興趣聞

湖南煙土貼假印花一案，雖幸有人從中平反，其結局未致沉冤莫白，但以往中國官場的昏瞶糊塗，排擠傾軋，於此已見一般。該案中犯嫌的小員工，人微位卑，事繁酬薄，平時叨不到一線風光，沾不到半份油水。而在事發以後，不問青紅皂白，一體遞解行營，嚴刑迫供，都成殘廢。昭雪後領到慰問金五百大元，等於葬送一生的化價。所謂人權保障，冤獄賠償，在中國僅為文獻上的名詞，尤屬言之可慨！

心驚膽戰、上書自訟

當時禁煙督察處處長黃振興於押解行營後，雖僅失去自由，大體上尚能受到優待。但因他已爬到高層，榮辱得失，計較益重。在圜牆待罪之中，其思想上的鬥爭比之肉體上的折磨，同樣難受。他想到追隨極峯，已有相當歷史。以前歷任兵站副總監、滬漢兩市公安局長及平漢鐵路局長等職，雖非高牙大纛，方面大員，而宦海迴翔，固亦由於知遇，這一下子卻都完蛋了。其在此一假印花案中，雖自問心無愧，可質天地鬼神。惟在水落石出以前，他以處長職位，負責獨重，牽累自深，後果如何，不由他不心驚膽戰。官場鍛煉成獄，原有錯到底的蠻勁。萬一本案如此收科，更屬不堪設想。話說回來，即使水落石出，本身可以洗刷罪嫌，但如假印花確由本處員司串同作弊，至低限度仍將落得失察處分。休說這些是小罪名，在威福難測之下，也就不由他不提心吊膽。重以處長一職，論品秩雖僅為簡任官員，論缺份則為油水十足。有土有財，幾於人人盡曉。在這個大染缸中，他雖如點水蜻蜓，淺游即止，未致於渾身滾黑。但飲貪泉一勺，也就不算清官。倘因假印花案的影響，極峯有意廓清積弊，徹底整頓，他縱能脫罪於本案，恐終公道難逃，原形畢露。因此種種，他心頭就像掛了十五個大水桶般，七上八落，片刻難安。

他是厚顋笨口才奇絀的人。他在接任漢口公安局長時，履新之始，循例召集員司訓話。以上司面臨部屬，原可暢所欲言。他卻「這個」「那個」，陸續說了五十七次之多，一時傳為笑談。

此時他深知對簿法庭，縱有種種理由，足以反映其在本案上的清白，亦將辯訴無從，吶吶不能出之於口，所幸他的筆下卻還來得，在萬不得已之下，他乃向極峯上書自訟。

一切一切、和盤托出

按之道家於齋醮時薦告之文，號為青詞，為文體的一種。其開首與結尾，自成格式。例如宋徽宗所上青詞，其起句云：「奉行玉清神霄保仙元一六陽三五璇璣七九飛元大法師都天教主臣某誠惶誠恐頓首頓首再拜上言高上玉清神霄九陽總真自然金闕。」結句則為「臣誠惶誠恐頓首頓首再拜以聞」等字樣。不知黃振興是熟讀青詞呢，還是心神瞀亂，那封上呈極峰的稟帖，竟然採用這一格式。所不同的，他儘將譴責所用的詞類堆砌在自己姓名之上，而將聖功神武英明睿智等一類崇隆的詞類盡其可能鋪排於極峯銜名之前，佔有兩行地位。因此這件稟帖發到秘書處時，直笑得大家合不攏口。其在內容方面，則秉筆直書，盡其坦白的能事。過不自飾，功不自掩，是非曲直，付之公裁。

他自承在任內確曾收受陋規，情願和盤托出，化私為公。此外則指天誓日，絕未幹過任何舞弊違法的勾當，倘有不實不盡之處，一經查出，願膏斧鉞。他列舉了在緝私艦艇所用煤斤項下收受回佣若干；存棧煙土保管費附加若干；特商滲入煙土內所用料子徵費若干；特商公會每月津貼若干；一筆不漏地結成總數約在十萬元左右。備具現款，隨函繳呈。按之該項收費，官場中名為陋規，由來已久，入民國後仍相沿襲。以往官廳的經常各費，無所謂預算決算。按照個別情況，撥發一定經費，連乾帶濕，一體包羅。有餘不須繳還，遇缺亦不照補，實際是入不敷出，絕無餘額。因此不得不巧立名目，隨稅附徵，取之於民，以資彌補。其上級明知有此內幕，但因事實上有此需要，做官賠錢，決無此理，故亦眼開眼閉，從不過問。迄到後來，因利乘便，變本加厲，以致附加不弱於正供，陋規竟大於公費，蠹國病民，成為苛斂。就嚴格言，自是變相貪污。就慣例言，似又認為取不傷廉。黃振興在此烏金寶藏之中，如確僅止於收受陋規，還不失其為硜硜自守。

他於自我檢舉後，掉轉筆峰，又將其任內值得一提的案件，以丑表功的姿態自我表白。一為安頓黃埔後期學生納入正途案。二為緝獲交通部長王伯群親戚某闊夫人大量私運煙土案。三為緝獲川軍某袍哥以嗎啡冒充煙土朦混過關案。二三兩項，確為當時大案，滬濱報紙，爭相揭載，哄動一時，淞滬警備司令部參謀長溫建剛且因嗎啡冒充煙土一案致遭極刑。其間經過，他倒確能表現其為破除情面，公事公辦，無怪戳他的給他送上「黃狗屎」的諢號。

挺身獻議、不用軍人

其實這些案中之案，暴露開來，難保其不橫生枝節。如此作風，亦殊夠膽。但其結果，極案只就所繳款項批交軍需處收入公帳。而於收受陋規一點不予追究。也許是鑒其愚忱可愍，不無網開一面吧。關於黃氏丑表功的三次案件的始末情形，筆者摭拾所聞，分別記述於後：

（一）黃埔建立軍校，造就不少專少，其犧牲於肅清東江及北伐者甚眾。南京定鼎後，該校移設首都，易名為中央陸軍軍官學校，並將其所在地的路名改為黃埔路。此外又在外省設立軍分校，其建置視前迥殊，社會上卻仍一貫地稱為黃埔生。經過若干次內戰以迄此時，對內對外，軍官的需要並不太多，英雄苦無用武之地。因此其在後期畢業中的游移份子，四出謀生，麕向行政機關插足。禁煙督察處原為畸形機構，逐月又有大宗收入，自更為此輩意想中的最佳對象。經過歷任安插，已容納百數十名之多。此輩不須到處辦公，掛一名義，坐領乾薪，實際是高等遊民。終日既無所事，手頭又有餘錢，加以年青氣盛，不免涉跡玩樂之場，其間蕩檢踰閑，惹事招非，往往鬧得滿城風雨。而人多勢大，擁有軍校招牌，治安機關，亦不敢貿捋虎鬚，遽加干涉。當地人對此一小批人物，因謚以「蝗蟲」諢號，以資洩憤。這雖不免太過，但已見此輩不受社會歡迎。那時三省剿匪總司令部尚未撤銷，黃振興乃首先建議，對黃埔學生一律發給解職金，數額從豐，統由特稅項下劃撥。從此以後，不准再在行政機關討差使、拿津貼，劃清軍政兩途。其應如何安置之處，則由剿匪總部予以登記，儘量設法向各軍事單位安插。事經總部核准如議施行後，蝗蟲諢號，乃得一掃而空，挽回軍人聲譽不少。黃振興以一主管鴉片官員，事不關己，何煩越俎代庖。即使虛榮公帑，亦無須自掏腰包。乃竟挺身而出，膽敢向天子門生頭上開刀，其人強項，於此可見一二。

部長近戚、公事公辦

（二）督察處緝私部門，除負責查驗專載煙土的專輪外，所有到漢商輪，緝私處亦得會同軍警，聯合檢查。其時有一下水商輪，自宜昌駛抵漢口，官艙內住有一位濶綽婦人。她隨身帶有僕從十餘名之眾，大小行李數十件之多，供張既盛，氣燄自張，對於這批抄班，不屑眼梢一瞥。無奈幹這勾當的都曾久經陣仗，歷練成精。逢軟硬進，逢硬軟進，都有他們的一套。說到盡頭，他們幹的是屬公事，即使冒犯，亦不算錯。此時他們先以和顏悅色請她把鑰匙取出，開箱驗看。不料她卻杏眼圓睜，怒容滿面，喝令不許動手。抄班見她蠻不講理，也就不肯示弱，正擬劈開鎖鑰之際，她突表露身分，抬出現任交通部長王伯群這塊擋箭片來，自認是他的近戚。這一下可把抄班楞住了，不查怨氣難消，查則恐多開罪。於是一面虛與委蛇，一面派人馳往總處請示。黃振興倒是態度坦然，吩咐公事公辦，但叮囑不准騷擾。抄班得到指示後，軟硬兼施，終把箱籠逐個打了開來。一經搜查，箱角籠底，纍纍皆是。計有私土三大箱之多，價值極鉅。其時那位濶太太雖已花容失色，粉頸低垂，但在形態之間，還帶幾分倔強。以為後臺硬朗，至多私土充公，財去災消，仍是自由身體。不料黃振興絕不含糊，趕將這樁公案，通詳總部，一砲轟天，斬絕了許多麻煩。後來發交軍法處審訊，除私土沒數外，其所攜帶衣服物品，亦全部公開拍賣。而那位頤指氣使的濶太太，至此惟有以淚洗面，飽嘗其鐵窗風味去了。

查出嗎啡、節外生枝

（三）過此不久，四川又運到一批寶貨。在起運前後，經過報運納稅查驗等手續，統照規章辦理。其為川產特貨，在理無可懷疑。即使緝私老手，亦無法指出破綻。滿以為漢口這關儘可矇混過了。詎有特商周姓，獨悉其中奧妙，竟不懼貨主報復，投處告密，指出這批特貨，外殼是屬鴉片，裡面藏的卻是嗎啡坯料。並指出這是川軍師長某袍哥幹的勾當。當將該項特貨，逐塊分切，果然絕無粘性，全屬粉團，解手便見碎粒紛紛散落。再經提煉，則證明其確為嗎啡坯料，佔有百分之八十分量，而利用百分之二十鴉片，掩護矇蔽。一時市面上謠傳為范紹增幹的，其實有貨無主，事止存疑。毒品沒收後，按例移解南京衛生署煉製麻醉劑以供醫藥之用。本案到此，原可結束，黃振興允弋首功。不料他畫蛇添足，別出心裁，認為半毒半煙，未便移解。不如發交上海杜月笙設廠重煉，製成嗎啡，一轉手間，所得倍蓰。當即作為建議，提請極峯裁決。楊秘書長（永泰）以是黃的主意，亦即予以簽准。又不料始於有心討好，終致惹出風波。其時月笙於煙賭兩行，早經洗手，忙公忙私，無法兼顧，當將此事交由其手下幾員大將承辦。無如此輩假公濟私，乘機圖利。於該項嗎啡坯料提煉為正貨後，大規模地續以鴉片私自提煉。

因此謠言甚熾，哄傳政府製造毒品。事為戴雨農所聞，立加檢舉，極峯於震怒之餘，急電淞滬警備司令部吳兼司令鐵城火速查封，並以該部參謀長溫建剛、副官處長江同章有袒護嫌疑，著令一併逮解南昌行營軍法處究辦。晴天霹靂，震驚遐邇。極峯旋在廬山為此案召集有關人員訓話，曾云我將禁煙重任，託付諸位同志，理應逐漸剔除積弊，以期徹底禁絕。現在上海公然製毒，留下污點，使我將何以對得起中華民族。詞嚴義正，語溫而厲。楊秘書長原為簽准之人，此時也就不免感到赧顏了。

事後查明，杜月笙於私煉嗎啡原不知情。所得利潤，並無沾染。溫建剛及江同章雖為杜門座客，亦無從確證其曾有包庇情事。此外虛虛實實，不無牽涉太多，拖延已久，似將不了而了。以故他倆在扣押期間，除不能自由行動外，十分自在，家人往來無禁。詎料一天軍法處突奉命令，著將溫建剛執行槍決。其時溫正打球，四名執法隊上前綑綁，統被拳打腳踢，無法近身。據說後來溫是死於亂槍之下的。江同章見此一幕，嚇得屁滾尿流，以為本身亦將難免，一時動彈不得。但後來他卻幸被開釋，回到上海，猶自摩挲頭皮，連呼「好險」云。

假印花案於水落石出後，黃振興並未因其洗脫嫌疑而獲復職，他下臺以後，鬱鬱以終。而李基鴻因倒騙案不久亦告去職，特順筆作一交代。

黃為材即接任李基鴻遺缺。

獻議合併禁煙機構

黃為材，號天民，廣東大埔人，出身於軍需系統，在禁煙督察處先任會計長，後又兼南昌行營專掌煙禁的第二廳第四組組長。等到南昌行營由江西移駐武漢，與三省剿匪司令部合併後，以張學良為武漢行營主任，仍由楊永泰、錢大均分任行營秘書長與參謀長。其中編制，大有改革，分為七大處。關於煙禁事項則屬於行營第七處，即由黃為材升任處長。他是實心辦事的人，眼見那時的禁煙機構分作兩個系統：一為直接隸屬於行政院的禁煙委員會；一為隸屬於行營的第七處。如使後者不是駢枝，則前者便屬於多餘。對立並峙，不免疊床架屋。以職權言，行政院的禁煙委員會應付國際方面的機構，其最大任務無非將各類禁煙章則以及煙禁實施概況，不時譯成英文本送交我國派駐國聯代表分轉國際禁煙組織。至於執行煙禁督導工作的則完全屬於行營第七處。其間各有責成，雖不致互相衝突，但前者似不免於大而無當。以需要言，行營第七處一面按照計劃，逐年要縮小全國種煙區域，限制煙民；一面又管理特稅，補貼軍政費之所不足，寓禁於徵，相互為用，自視禁煙委會之徒擁堂皇名義，較為適合實際。因此，黃為材決計簽呈意見，請將兩個機構予以合併，以期劃一。該項簽呈，不期竟蒙當局批准，著於行營內增設禁煙委員會，而將第七處掌管事項，併入該會之內。當時發表了呂苾籌、甘乃光、李仲公三人為禁委會常務委員，另聘負有資望的社會名流及教育家、宗教家約三十人為委員，有關煙禁一切事宜，統由該會會稿，然後發出。可見當局所取態度，雖因稅收關係，不免遷就事實，而接納群言，集思廣益，則確抱有徹底禁絕的決心。無如這班名流委員，對於煙禁原多外行，責任既無專屬，精神反見渙散。因此中心工作，轉落在該委會主任秘書之手。復因行營禁煙委會成立時，以主任秘書一職，嫁於運商身上償還，激使運商發生反感，於是相率裹足不前，致使稅收大受影響。他明白癥結所在，雖不能將其中已定之案，盡予推翻，而於各項積弊，則就其力所能及，儘量剔除，務使運商一新觀感。不數月間，煙土壅滯現象，一掃而空，前任虧空，居然給他彌補足額。嗣又因政治上的氣溫轉變，增設北平分處，接收了廣東全省禁政，於是稅源拓展，稅收益增，在抗戰發生後，漢口將近撤退之際，積存稅款，竟達六百萬元之鉅。

CC與政學系之爭

自禁煙督察處成立以來，各省分處，有些接受控制，有些自行其是，這自然是由於政治影響，天外有天，而形成不統一的局面。最可怪者，則接受控制之分處，有時亦因格於環境，對奉頒之章則，亦無法執行。其最使督察處傷透腦筋的，首為江蘇，次為福建。

在陳果夫任江蘇省政府主席時，以抱病之身，膺繁劇之任，治績如何，不在本文範圍，無須添足。惟其對於行營所頒佈的章則，名為遵從，實際僅是採用原章精神，另訂單行法規，其間總不免有些出入。尤其對於煙禁處理，更多牴觸。例如在上海及安徽地區以內，均以行營章則以為依歸。但如煙土從滬皖兩地運入江蘇省境，即使貼有印花之公煙，亦屬犯法，將人辦罪，將貨沒收。一般運商，僅知行營有其禁煙章則，並不知法外有法，江蘇省另有其單行法規，以致誤投羅網者亦大有其人，處罪沒收後，猶不知身犯何法。此類案件，不要說江蘇省分處不敢過問，即中報行營，亦無力加以處理。楊秘書長（永泰）對此，總是百般忍受，諱莫如深。在口頭上絕無批評。甚至暗囑部屬，力避磨擦。在文牘上所用詞句，亦須格外小心，以免落痕落跡，引起反應。有人說這和鴉片煙並不相干，完全出於政治上的鬥法。因陳、楊兩人，一個是CC系的班頭；一個是政學系的魁首，此消彼長，勢不相容，雖同隸於一尊，並不能化除成見。陳果夫在一般政令上既未便標奇立異，因借這見不得天日的鴉片煙，藉洩胸中怨氣。幸虧楊永泰尚識大體，一味退讓，否則鬧成僵局，便使尊者頭痛。至於運商晦氣，活該如此，何足道哉！此雖猜測之詞，似屬不為無因。

派程蘊珊勉任艱鉅

迨至黃為材接事以後，深覺這個死結必須設法解開。如仍僵持，既於特稅不利，即對江蘇省之補助亦多損失。他想到這是人的問題，如得其人，先事疏解，繼以彌縫，必能使局勢和緩下來，從急轉緩，從異求同，只須公事上說得過去，則單行法規亦不妨任其存在。他因從過去和現在的老同事中遴選其人，經過慎重考慮，始以禁煙督察處江蘇分處處長一職，委託程蘊珊勉為其難。

程為廣東潮州人，讀過不少線裝書，別具風格。辦事勇於負責，持躬嚴於律己，確屬一個人才。他原是特稅處（禁煙督察處的前身）時代沈慶圻的舊部，久任主任秘書。特稅處改組為督察處後，黃振興和他素昧生平，而聞風相慕，亦請他蟬聯下去，自非偶然。獨於李基鴻任內，他竟避之若浼。此番他到江蘇省就任後，以讀書人的氣質，頗得陳果夫的垂青。三個月後，他才提出輪銷制度，依循行營章程原則，配合江蘇省的單行法規，辦法雖另創一格，但能將行營與江蘇省間的歧點予以縮小。既不准運商在江蘇競售，亦不使運商遭受莫白之冤，而於特稅方面，則維持其正常銷額，使行營與江蘇省同蒙其利。因此，這一僵局，仍由黃為材的知人善任，逐漸打開。可是才高命蹇，程蘊珊的惡運也就因此而來了。

求功心切枉送一命

先是福建省主廣陳儀，以福建一省，徒有銷土之名，而省庫迄未獲補助之實，因此對於該省分處，屢有不合作的表現。黃為材以程蘊珊已在江蘇省立定規模，不妨派人接替，而將其調任福建，藉以解決糾紛。這原由特稅分享上發生的問題，比之江蘇省由政治上發生的問題自易著手。他一面調查閩產煙土，一面整理公售辦法，先從產運銷上有所改進，使能增益稅收。繼則就所徵特稅，以合理的分配使福建省庫不致向隅。此外煙商一向所遇的困難，亦並代為克服。陳儀見其才具開展，曾許其為能員。詎他求功心切，商得福建分處會計主任之同意，利用公款向西安採運陝土，運到福建銷售。此事如先呈准漢口總處，對於增稅裕餉，自屬有功。無如他一時失於檢點，錯借特商名義，出面辦理。雖然稅收立增倍蓰，閩省所得補助亦增高，但此事為駐閩特工人員所聞，認為他擅動公款，資助商人，顯屬無私有弊。且未經呈准，越省運土，其為走私可知。兩者均屬重罪，當即密予檢舉。據說事先有人洩漏風聲，囑他躲避。他以事實具在，漫不經意，而於他的副處長鄧文郁的逃匿，反譏為膽小如鼠。迄後被捕，他對於全盤經過，坦然承認，但聲明事為公家著想，所有利益統歸公庫，一切有帳可稽。其應身負之咎，只為手續錯誤。後來此案移解南京軍事處審訊，承審法官廉悉其情，知為冤抑，正擬運用拖字訣，於事態稍緩後，予以輕微處分。無如其時日軍已陷上海，南京方在撤退，長江一帶，風聲鶴唳，佈滿了戰時氣氛，行營禁煙委員會秘書處獨能好整以暇，專就此案，簽呈極峯，硬指軍法處對此案故意延擱。旋奉嚴飭，著即根據販運煙土條例，從速判結。可是監犯已先疏解，遷往蕪湖，軍法處乃轉飭蕪湖駐軍，將程蘊珊從寄監中提出，就地予以槍決。從此程蘊珊冤沈海底，而黃為材接任督察處時之悽悽不安，也就不為無因了。

所長難逃一死、科座判監七年

本節所記，仍屬黃為材在禁煙督察處長任內之事。第一件事，為錢大鈞之兄竟被槍決，霹靂一聲，確使禁政人員為之心驚膽戰。當時極峯之破除情面，懲一儆百，固原大公無私，但如依法論斷，仍不免失於過重。第二件事，更曾使禁政人員引為駭異，因為有一個職位極普通的同事，他之進入禁煙督察處工作，居然勞動宸翰，直接下條子，派充為督察處會計部門的小科長。一官除授，出於私室，後來因幹得一場糊塗，這位「小欽差」終於變成階下囚，「佛」面無光，徒貽話柄。月前在臺北病故的陳芷町（方）先生，其時適任督察處的會計長，秉公查辦，具見風骨。至芷町與督察處的一段淵源，雖為短局，亦於此略略提及。

錢大鈞有兄當所長

按當時湖北省內，除漢口為禁政大本營，宜昌為禁政重鎮外；其次即為沙市。當地人口稠密，面臨長江，交通稱便，工商兩業，一向即有可觀。自辦理禁政以來，因長江上游吸戶，原較他處為多，故沙市本銷官土，自始每月即配有相當成數。官土是經過納稅後的貨品，成本提高，售價自昂。四川土商，乃不時以川土走私，偷過宜昌一關，侵入沙市。吸戶煙販，兩得其所，而於稅收則影響甚巨。督察處為防範起見，設有事務所，從事管理與緝私，並派有憲兵協助，因此沙市成為禁政中僅次於漢口與宜昌的重點。

錢大鈞的乃兄原是一極度忠厚的人，對於禁政一行，完全為門外漢。大鈞以為禁煙機構，等於稅局釐卡，按部就班，照竟辦理，即使忠厚外行，當能勝任愉快。加以缺肥薪厚，事簡人閒，借此優遊，亦正合乃兄脾胃。因向黃為材推薦，請加安插。此一來頭（錢大鈞為武漢行營參謀長），非同小可，何況其為手足之親，黃氏自不敢以閒員末秩，謬加搪塞。其時適有沙市事務所所長出缺，當即請其兄接充。這是獨當一面的差事，接任之始，不免感到生疏，在經過相當期間後，則不僅由生而熟，且能熟而生巧。此君限於天賦，雖不致膽大妄為，但如假手他人，略營私弊，在這黑圈子裡來說，自所難免。也是合當有事，有次，四川私販，偷運到大批私土，被事務所緝私人員緝獲，照章應即將人辦罪，將貨充公，方為正辦。詎緝私人員另自有其算盤，如果因緝私所得的獎金，遠遜於賣放的賄賂，他們寧願以身試法，受賄私放。這次情形正復如此，錢氏之兄，因亦徇財庇縱。按之這類勾當，一年總得幹上幾遭，落袋平安，向無風險的。卻不料這次因數額過鉅，分贓不均，漏出風聲，致被憲兵偵悉。其實此時私土已經脫手，私販亦已遠颺，事缺把柄，憲兵亦自無從查究。壞就壞在錢大鈞的乃兄，忠厚過份，以為這一疙瘩，不予消弭，終覺得提心弔膽、坐臥不安。錯又錯在錢的乃兄昧於政治上的內幕，總認為錢可通神，貿然取出五千元逕向憲兵行賄。

行賄賂一怒處死刑

按之當時特務、軍統、中統以外，憲兵亦自成一系統，其權力不在兩「統」之下。當局掌握著「製造矛盾、控制矛盾、利用矛盾」的原則，特務工作既經滲入各個階層，而特務與特務之間，又使其互相箝制，互爭立功。因此，一級特工，對於利誘，無不硜硜自守，亦無法不硜硜自守。此次沙市事務所緝私放私，憲兵正在乘瑕抵隙，所苦把柄全無，難於發作。不料受賄人居然送來贓證，自是喜出望外，不加檢舉，更待何時。於是一炮轟天，在極峯震怒之下，錢的乃兄，竟以死刑論處。

錢大均以本身追隨極峯有年，縱無旁績，關係自屬不同。其兄雖負重愆，諒不致罪在不赦。重以老母在堂，風燭殘年，怎能受此重大刺激，如果置之重典，老母恐將難以保全，茫茫天壤，何以為人。當經多方請託，代為求情，始終不得要領。最後錢氏乃長跪於極峯跟前，聲淚俱下，哀哀苦求，冀邀一線之恩，貸其一死。據說其時極峯正在進膳，置若罔聞，絕不為動，倒是蔣夫人心腸慈軟，聽來酸楚，不禁委婉進言。詎極峯推箸而起，以嚴肅的神情面向夫人說道：「這些事，你還是不要多管吧！」錢氏知事難挽回，抱頭大哭而出，不久其兄即於沙市執行槍決了。

會計科長是小欽差

按督察處內部制度，在未改組前，會計僅為一科。科長盧青海，接事未及三月，俞飛鵬適隨極峯蒞漢口。其時督察處長尚為黃振興，原係俞的老同事，見面之後，俞從口袋掏出極峯親筆手諭，指派某某為會計科科長。黃振興奉命唯謹，遵照辦理，即由某某接任科長，而將盧青海調充秘書。以職位而論，科長一席，在督察處僅為中級員司。以會計而論，誠為重要部門，但督察處的會計卻是微不足道。極峯日理萬機，宵旰憂勤，於軍國大計外，並此芝蔴綠豆，亦竟擾及宸衷，不惟超越法規，即在人情上亦屬創聞創見。因此，在某某到差之際，全處上下，都把他當作「小欽差」看待，並以為其人縱非會計專才，而由俞飛鵬賚到手諭，當屬軍需上的優秀幹部。詎知某某對於公牘帳項，一竅不通，事事還得請其前任人盧青海代庖。經過輾轉調查，始知這位新科長，原屬裙帶之親，其唯一特長為終日能以笑臉迎人而已。

及後督察處改制，會計科改為會計處，處下設科。處長初為黃為材，及黃調兼南昌行營第二廳第四組組長，另設副處長一職，由原在行營的廖某調充。此時黃為材已陞任督察處長，其所領的會計處長未便再兼，改以陳方接任。但某某會計科長，以來頭特大，與別不同會計部門，組織變動，其在會計處的科長職位，固仍安若泰山。陳方因另有要公，並不常川駐處。所有處務，多由副處長廖某主持。此君原一冬烘先生，顢頇無能，已詳前文。今又益以某科長這一繡花枕頭，毫不解事，天聾地啞，可謂無獨有偶。他倆以為官職越高，工作越簡，文書簿籍，只須蓋上幾顆圖章，便都應付過去。不料圖章蓋下，責任負起，此後果然鬧出亂子，廖某雖能倖免，某科長卻因此事屬主管而大嘗鐵窗風味了。

先是該科科員許孝平，嫖賭吃著，俱擅勝場，揮霍性成，虧空自大。某科長掌管的稅單一項，即由許負責填報。這是呆板工作，並無伸縮之機。許為彌補虧空，窮思極想，居然找到竅門。所苦一時不易覓獲機緣，尚難加以利用。這因營私舞弊，並非一手一足所能為功，必須對外溝通，對內籠絡，在裡應外合之下，才能運用自如，不致露出破綻。就特稅言，自投報稅額以迄繳納稅款，均屬特商之事，如不先與特商勾結，則一切無從進行。而不知特商耳目甚廣，許孝平正在策劃之際，特商們卻早環伺以待。

蓋圖章受累入鐵窗

原來這批特商，對於督察處大小員司的人品能力，生活狀況，經濟環境，均經多方探訪，胸中雪亮。其於鑽營門路，朋比為奸，更屬看家本領，出色當行。許孝平既常涉跡風月之場，特商乃得施其釣餌，彼此有心，如鍼引芥，於是在共同利益之下，互相勾結。初猶不敢過份大幹，僅就特商所報稅額，折現收稅，將餘額彼此平分。後來膽子越做越大，變本加厲，竟用瞞天過海手法，將稅單連同存根，一併抽出，填寫之後，發交特商。整單稅款，居然盡納私囊。可憐會計處的兩位糊塗蟲，只知見單蓋印，始終未曾發覺。幸虧陳方聽到風聲，四處徹查，才得破案。其時中日戰事，已經逼近漢口，乃將全案移至重慶，發由軍法處審結，許孝平判處死刑，而那位來頭特大的「小欽差」，在法律平等之下，也就無所逃其七年的有期徒刑了。

陳芷町氏在督察處的時期並不甚長。事因楊秘書長外放為湖北省政府主席時，行營即將由漢移節重慶。芷町原在行營供職，亦將隨同入蜀。但楊永泰向視芷町為左右手，倚畀極殷，特尼其行，留鄂任事，相助為理。並以官俸無多，因就督察處畀以會計長職位，以資調劑。芷町另負重要任務，故不能常川駐處辦公，以致鼠輩跳樑，乘機侵吞稅款。他是江西石城人，博學多能，人稱江西才子，並世知者甚多，無待覼縷。據聞他和楊暢老（永泰）的遇合，雖以文字受知，而與阿芙蓉亦略涉因緣。他倆在上海有一共同的朋友譚海秋，當年楊暢老自北平來滬，每就譚宅煙榻

秘書主任榮任處長

按之廣東特稅，以前屬於包辦性質。以後雖經改制，而利藪所在，覬覦者眾，其於地方勢力，自須有所周旋。接收之始，情形隔閡，一番摸底工夫，更不可少。特稅不比正供，雖其煌煌條例，訂自中央，但從黑道營業上徵稅，當另有其剛柔相濟之道。必待取得特商合作，才能因勢利導，事半功倍。因此在廣東禁煙督察分處成立後的初期，各項措施，應就客觀條件略帶彈性，不宜一味嚴格。而於分處處長人選，更須慎重，不僅止於人事相宜，且應顧及人地相宜。黃為材在多方遴選之下，始派其秘書主任黃××充任斯職。

黃為材本身為廣東人，體會到廣東人於鄉土觀念相當濃重。禁政接收，事同草創，分處人選，應以廣東人為較適合，俾能利用鄉親關係，與地方人士以及土商易於融洽，由情感之交孚，謀公務之推展，從而得到若干便利。至低限度，在語言上亦可謦欬相通，不致如外省人之扞格不入。而黃××恰為粵籍，其在先天上已備具此項條件。以前黃為材任縣長一類職務時，黃××即為其幕友，從遊多年。其操守與能力，知之有素，不失為一可資倚畀之人。此時他以秘書主任調任分處，於禁政既所諳練，於地位亦屬相當，以後指臂相連，當更收靈活運用指揮如意之效。詎知近朱者赤，近墨者黑，在這圈子內滾過的人，耳濡目染，心理上早起變化，如責望其始終清白，淤泥不染，等於望梅止渴，緣木求魚。在黃為材以為利用鄉親關係可使禁政推行取得便利的；在黃××亦正利用鄉親關係易於打通關節。在黃為材以為老部下老公事可以信任的；在黃××亦正以老部下不妨恃愛，老公事恰便私圖。種種設想，適得其反。因此，黃為材開出的第一砲，不僅喑然無聲，其後且授人以柄，釀成割據之局。

花天酒地紙醉金迷

黃××抵達廣州後，其首要任務，自為遵照督察處的規制，設立分處，推行禁政。而接收前任移交的簿書帳籍，加以盤查覈核，亦為其工作中的重點。因此項接收，和一般不同，是從廣東半獨立姿態下的禁政轉移到中央直轄下的禁政，其間顯有距離。以往設施，既須改革；以往稅款，尤須清釐。其錯綜繁劇，恐終日伏案，尚不易理清頭緒。可是黃××第一步接收的卻是無邊風月，在前任和當地特商熱烈歡迎之下，花天酒地，紙醉金迷，珍錯供其傳餐，佳麗薦而侍寢。一曲陳塘，直把他樂得魂靈出竅。當初黃為材所期望的人地相宜，他倒的確做到水乳交融的境界。彼此心照，百無禁忌。第二步自然涉及實質問題。據說當時為避免穗垣耳目，嚴守秘密，以觀光香港為名，在香爐峰下斟盤講數。廿盤花草，孝敬從豐，而以「照單全收」為交換條件。「單」是什麼？怎樣「照」法？「收」便如何？「不收」又如何？明眼人都能看到，不須解釋。總之這接收一項便由此順利解決了。當初黃為材所期望的人事相宜，如僅就黃××本身來說，他確也做到功德圓滿。

此時漢口和上海的特商土商如鄭子嘉、羅洪義、凌蘭甫、張瑞棠等一流，均以廣東為富饒之區，轉移陣地，先後來穗，於當地特商中分其一臠。局面異於從前，情形自更複雜，黃××卻並不著手整頓，一味敷衍搪塞。莫說禁政任其廢馳，稅收任其短絀，馴至新舊公牘亦任其擱置，愈積愈亂。

至此，黃為材乃著其回漢口述職，略示警告之意。詎他到漢口以後，並不稍加警惕，仍然酒色徵逐，談到公事，相應不理。按照常情而論：黃為材儘可將他撤職，即查辦亦不為過。但事實並不如此單純。粵省分處，雖稱肥缺，而最大甜頭，黃××已先吃盡。因此黃為材認為可用之人，以肥水既落人田，當時竟無一個願做替身。其願做替身的，黃為材又恐一蟹不如一蟹，不敢置信。以故在繼任人選上已先使他煞費躊躇。外加官場積習，對於所謂「自己的人」總不免偏護短。何況這裡面還牽涉到面子問題，黃為材固亦不能免俗。而在黃××方面，則早看穿了黃為材的弱點，知其於同宗同鄉同事之間，一向另眼看待，本身三者俱全，故不妨放刁撒潑。可是公事終得有個交代的，黃為材於飭其回任後，乃調派煙土公棧經理盧青海接任貴州分處處長，俾因業務上的關係，加以遙制，並著其不時去穗，以同寅資格，從旁糾正。經此佈置，才算略上軌道。

李基鴻割據局面

南山有鳥；北山張羅。關於粵分處的形形色色，黃為材有時尚無所知，而黃為材的前任處長李基鴻卻已瞭如指掌。這因他自廣東分處成立後，即已在粵廣置耳目，摭拾以聞。至此認為有隙可乘，對此肥缺，不禁食指大動。此時李基鴻以禁煙委員會委員兼禁委會主任秘書的身分，就禁政範圍言，他的地位已近於登峯造極之境，他怎能紆尊就卑，於黃為材的管轄下擔任分處處長。因此他別出心裁，另闢蹊徑，一面嗾使有關方面，檢舉粵處的腐敗情形；一面肆其活動，得以禁委名義兼攝粵處。按之此公曾經極峰喊「滾」，事見前文，所謂「滾」者即等於不再敘用。那料政局如棋，舉措無定。不僅好官仍任自為，即制度亦不惜為之破壞。他在走馬上任後，即恃其禁委地位原在督察處之上，自立門戶，不受指揮。因人設制，竟成割據之局。因此當時廣州流傳一句俏皮話：「廣果都已歸順中央，鴉片煙仍然獨立。」一語譃而虐，可笑可慨！黃為材於此已夠傷其腦筋，不謂造化弄人猶不止此，隨後中樞又添派俞鳳韶（寰澄）為總處副處長，以其風頭之健與來頭之大，益使黃為材左支右絀，不易支吾。

俞寰澄為浙江人，前清一榜，頗負才名，偶寫文章，清新可誦。有時於經濟方面發表言論，居然有條有理，博得專家的稱號。其一副紹興師爺的嘴臉，則大類於扭計先生。毀之者則謂其並無真才實學，僅如清客一流。一向寓居上海，曾任招商局總務科長。此時來到漢口，另有企圖。

因正值剿匪期間，軍需孔急，他以經濟專家身分，獻替其間，不時向極峰上條陳，又不時向楊秘書長（永泰）提意見，自屬迎合機宜，令人易於刮目。

俞寰澄玩兩面手法

迄至黃慕松接任廣東省政府主席，俞竟受特達之知，派其赴粵，協助省府，商訂全省收支預算。其實財政和經濟原屬兩途，即使其為經濟名家，亦無補於財政現實上的盈虛消長。何況廣東全省賦稅，均非他所習知，這是實事求是的工作，斷難如寫經濟文章一般，得以設想虛揣。以故他雖奉命榮行，內心實感惴惴。幸虧羅君強（其時為行營機要秘書）幫了他忙，介紹一位熟悉廣東財政的王先生陪同前往，遇事請教，他才能勉強應付，未交白卷。那知天下事巧不可階，他正碰上李基鴻在廣州鬧其「鴉片割據」的局面，此時中央已有所聞，認為不應有此畸形現狀，將李解職。俞寰澄以近水樓臺，自先得月，便輕易地爬上這個寶座了。

話說回來，如果有人對於他的經濟文章，加以菲薄，那是書生之見。如按其當時在特稅上所施展的經濟手腕，則治大國如烹小鮮，確屬心靈手敏。他是兩面性的：一面他不惜降低身分，與特商們和光同塵，混而為一，他在每個特商的每宗生意中以官股成份搭上二成。特商們究竟在他的屬下，誰敢不奉承巴結；一面他又昂然以處座之尊，向各縣分所下手，按照縣份肥瘠，銷數多少，訂定規費。按時折合港幣，照數笑納，否則撤差換人，不稍假借。其時粵省劃分九十九縣，地廣人稠，吸戶甚眾。此項收益，益覺可觀。

如此作風，雖幸掩飾一時，終難逃過情報部門之耳目，正擬加以檢舉，則抗戰烽火，已遍華南，不久廣州且告失陷。人事上變化極大，此類事件，遂被擱置。其後該分處遷往連江辦公，以該處毗連廣州灣，可通水路，尚有煙土進出，可以徵收特稅。俞則往來於香港、連江之間，並在九龍新界大埔，出資置產，經營別墅。其時劉侯武為兩廣監察使，雖在戰時，風骨猶峻，據說曾向極峰面加糾舉，但因其同時還提乃另一財政廳長，為當時不便開罪之人。案雖兩起，事則相類，未便兩樣處分。俞因沐此餘光，雖在夾縫裡帶過，安然無事。時至今日，他卻以民主人士姿態，活躍於中共政權之下，而大罵其「×匪幫」了。

粵處禁政事宜，到此已成尾聲。現仍值得一提的：即當時若干特商，於逆取順守下，改弦更張。今時今地，或則樓船出海，隨天涯海角而遙；或則大廈連雲，擅玉尺金溝之勝。待臣　火，援繫何止千家；為富能仁，忠信猶傳十室。較之那班鴉片煙上發財的官兒賢乎遠矣。

四川陽奉陰違、上海花樣最多

四川地區，包括西康在內，向為大小軍閥所割據。當地所產鴉片，數量甚鉅。大小軍閥，各就防區，掌握此一利源，招兵養馬，顧盼自雄。最後因匪患關係，該省各受中央控制，但仍形格勢禁，政令無法徹底執行。以分處言，更屬官樣文章，虛有其表。上海為全國第一大商埠，煙土銷場，首屈一指。所徵特稅，其額自鉅。但正因其為一大埠，亦另有其花樣。

以范紹增一人為例

天下未亂蜀先亂，天下已治蜀未治，這兩句話是根據歷史說明統治四川的不易。觀於民國成立後，四川軍閥，彼此交鬨，其所釀成或大或小的內戰多至三百餘次，已足證明。此中因素，一言難盡，而由鴉片煙引起衝突，亦屬因素之一。

四川軍人於鴉片絕不沾手的，可謂鳳毛麟角，僅能懸此一格，不易指實其人。其以經營鴉片，由財力增厚進而擴展勢力的，則比比皆是，毋待僂計，茲姑以范紹增為代表。他原是袍哥龍頭，頗富傻氣。童年時，其母親管束綦嚴，常因匿學，時受捶楚，老塾師倒反而給他解圍。老塾師是懂相術的，在勸解時總是拉住范母的鞭子說：「這娃兒會有出息的，卻不是讀書坯子，你就看開一點吧。」後來他闖進黑道，在江湖上混，由行伍出身爬到了軍長，果如老塾師所言。四川歷次內戰，或多或少，他總沾著邊兒。最後南昌行營參謀團入川，逐漸推進中央勢力。川軍第一個投向中央，反對劉湘獨裁的亦正是他。分處在川成立前，他常去上海。談到鴉片煙，他往往直言不諱，自謂：「格老子放一次私，總在百萬邊，少了有啥子意思嘛。」這話是信而有徵的。重慶那一座范莊，佔地既廣，佈置甚都。抗戰時，他借給政府作為辦公處所，容納了好幾個部門，寬敞龐大，可以想見。如果他不是經營煙土的大手筆，那有這麼多錢。就此一人，僅此一節，可概其餘，此外無須臚舉並列了。

陽奉陰違玩盡手法

上面所談，為分處未曾設立以前的事。分處設立後又如何呢？老實說，事關大利，況為餉源所在，四川省政府（主席劉湘）絕不肯放鬆一步。分處既不能督導禁煙，亦不能按實徵稅，其最大作用，只能就運銷數額加以登記。當時總處與川省商妥的協定，計有兩項：

一為限制川省本徵特稅於一定限度之內，不得提高，以免影響漢口總處稅收；

二為議定川鄂運土銜接辦法，防止川省已稅煙土走私，浸入鄂境。

實施以後，又復針對罅隙，不斷修訂，加緊防範。但其結果全屬具文，無補實際。川省是確有其手法的。對於第一項，它確曾恪守範圍，不在限度外徵稅。但它卻採轉嫁方式，另從產地徵稅，依然影響漢口總處稅收。其於第二項，則更直捷了當，公然陽奉陰違。所有直航川滬輪船，幾於無次無船不大量走私。抓到了，諉稱私販。逃過了，稅餉全蠲。尤其川軍奉調出川時，竟將煙土與軍器打包夾運。如在鄂境就地交貨，則索性宣佈臨時戒嚴，使緝私人員不得接近。假公濟私，確盡能事。以故烟禁特稅，四川分處均無成績可言。其稍稍慰情的，總算重慶市內還看得見這片招牌而已。

漢口駛往上海的運土輪船，設有管理員及其他員役，其規制彷彿於一般商船，所不同的，只是此項輪船專運煙土，絕不附載其他。中途所經九江、安慶、鎮江等處，有貨始停，無貨直駛。船上扯有特種旗幟，沿途不受任何檢查。煙土運抵上海後，由當地特商承銷，亦組有特商公會。就中財力，潮州幫自較雄厚。以言勢力，則本地幫實佔鰲頭。

以往在私運私銷時期，兩幫已經分工合作，打成一片。業務經營，屬之潮幫。對外交涉，文的講數鋪路，武的開片火併，則多由本幫包攬。所謂黃（金榮）、張（嘯林）、杜（月笙）三大憝自為本幫中的渠魁。其間以強凌弱，以大吃小，固為慣見習聞之事。

杜月笙發明剪塊法

「一二八」中日淞滬之戰發生前，杜月笙以後來居上，其地位已超越於黃、張兩人之上。他鑒於國難當前，本身又已名成利就，認為煙賭兩途不太名譽，轉舵收篷，洗手不幹。迄漢口禁煙督察處在滬設立機構，以此一重要市場，不僅國內土販，視為走私尾閭，即從外洋運來的印（度）土、波（斯）土，亦以其為窟毛。這些都是官土的勁敵，妨礙稅收。而由於租界之何供掩護，又非官方緝私所能緝捕。以杜氏勢強力大，耳目甚廣，必須加以借重，藉使一般私販無所遁形。關於煙土本銷及其轉口，杜氏原是熟悉內情的人。潮州特商，又不向唯其馬首是瞻。為督運督銷起見，亦須仗其臂助，以期稅收暢旺。因此杜月笙不得不攘臂下車，重為馮婦。分處特商，悉隸其指揮之下。但他僅在幕後主持，迄未接受名義。這裡面當然少不了他的一份權益。卻也受到限制，即他個人不得自運私土，或接受任何私土及其他有背於禁令的行為。

上海市政府處全國衝要之區，需費浩繁。行政經費固由市庫支撥，但如酬應餽贈等一類特別費用，雖亦事屬因公，卻不便列帳報銷，必須另謀挹注。當時的上海市長吳鐵城看到煙土這項財源，自不願輕易放過，乃以防私杜弊為名，於特商不時干預。杜月笙雖未讀書，人卻精明，醉翁之意，何難識破。重以這類黑錢，他早認為應向各方點綴，做到皆大歡喜。因此他想出「剪塊」辦法，就已稅的原包煙土，以一定份量，剪成若干小塊，加貼特製的小印花，然後銷售市面。易言之，即以加貼小印花方式為上海市政府另徵一筆特稅。年終結算，當然為數可觀，吳市長自感喜慰。

小印花稅與過境稅

話說回來，這項辦法，雖屬法外加徵，卻經完成法律手續，由上海分處會同上海特商公會呈准總處備案，確是通了天的。不過對外卻仍保密，以免援例要求。上海為國際性巨埠，冠蓋往來，絡繹不絕。而下野大員經此出國，失時政客於此卜居，亦為事所恒有。為了政治上的目的，其間賓待之禮，贐行之儀，宮室之奉，冰炭之敬，在在都需大量金錢。此外特種交際，秘密津貼，每月所需，為數亦巨。上海市政府有時遵照中央意旨，有時徵獲中央同意，按照身分，分別餽貽，統在此項小印花稅款內動支。這筆黑錢，沾潤過的著實不少。話得說明，此中收支帳項，上海市府仍須按月造冊，實報實銷，市長是撈不到什麼油水的。

此外各省分處中值得一提的厥為湖南。民十七年桂系退歸廣西，中央收復武漢，財政部長宋子文委派沈慶圻為兩湖清理特稅處處長。既言兩湖，當然包括湖南在內。既言清理，當然為過渡性質。其時湖南主席何鍵，派其軍需王士健到漢會商，議定特貨經湘，由湘暫徵過境稅每擔一百元。旋由清理處委派王士健為湖南分處處長。此後特稅改制，湖南悉循舊貫，在不妨礙其內部稅收之原則下，仍由中央居其統一辦理之名。以迄抗戰，兩湖尚能保持關係，互相尊重。

自給自足聊以解嘲

其始終未能設立分處的省份：在北方為東三省、山西等省；在南方為廣西、雲南兩省。民廿五年陳濟棠下野；兩廣同時歸政中央。但禁煙督察處僅能入粵而受阻於桂。雲南產土，質佳量饒，行銷西南及南洋一帶。由該省當局一手把持，督察處迄不得其門而入。以禁政與特稅的比重言，禁政為主，特稅為輔。其計劃煌煌，綱舉目張，寓禁於徵，限期撲滅，彰彰在人耳目。而衡以實際措施，則不免於本末倒置，著重於特稅一面。事固難言，以統一未臻健全與財政未上軌道的國家，而欲政令通行，革除積弊，其內在困難，外來阻撓，迭至交乘，自亦不能責其立收成效。惟有一點不妨引以解嘲的，即在其時「提倡國貨抵制外貨」聲中，鴉片煙確已做到自給自足的地步。

罌粟一名，著於本草，可見中國之有鴉片，由來已久。明末官文書中，亦曾提及，稱之為洋藥。漢清入關後，其統治階級對此特有所嗜，官僚亦從而包庇走私。道光年間，鴉片進口，其數已巨，每年達四萬餘箱，於是由禁煙而發生鴉片戰爭。咸豐年間，染者益眾，進口增至五萬三千餘箱。又因搜查偷運鴉片的亞羅號船而發生第二次鴉片戰爭。所謂南京條約、天津條約及北京條約，即由兩次鴉片戰爭失敗後所訂立。翻遍近代歷史，堅持厲行煙禁者儘為林文忠公一人。同光年間，為杜漏卮計，於陝、甘、川、湘、雲、貴等省，相繼栽種，其後東北亦有出產，名為土藥。國產既盛，流毒更廣。時至今日，此一毒品，已成為國際間嚴重問題。本文旨趣，僅在記述漢口十年煙禁與徵收特稅的經過，掛一漏萬，草草完篇。至於「中國鴉片史」則非筆者所能濫竽充數的了。

日內閣收拾殘局經過憶述

日本接受無條件投降，至本年（一九六三）八月十五日，恰為第十八週年。這一天在中國為大日子，在日本則為最慘痛的日子。經過十八年的不斷變化，日本已由恢復發展，創造其有史以來未有的繁榮。中國的百年恥辱雖由此完全湔雪，卻從未把握到勝利的果實，馴至整個大陸淪於共黨之手！

本文所述，為日本戰時最後鈴木內閣收拾殘局的種種經過，其中包括六相懇談、天皇召議，請求蘇聯出面調停、廣島與長崎的轟炸、御前會議和宣布投降，以及阿南陸相等自殺及終戰後的犧牲等情。計自蘆溝橋事變起，中經太平洋戰事，迄於結束，共歷八年一月零九天。其內閣更遞先後凡歷九次。茲先就發動事變的近衛內閣及鈴木登臺前的八個內閣，略加敘述，藉以明其失敗的跡象。

由近衛到鈴木內閣

近衛內閣對於中日事變自須負起發動的責任，但仍抱有結束的意圖，繫鈴解鈴，出於一手。無如軍部壓力過重，近衛亦乏旋乾轉坤的大手腕，因改以平沼組閣，希望以右派元老的聲望，於軍部有所抑制。積重難反，終屬徒然。當鑒於兩度文人內閣既皆無從為力。於是改弦易轍，由阿部陸軍大將組閣於先，米內海軍大將組閣於後，接連地成立了兩次軍人內閣。對於前者，為利用其比較稱健，一向不主冒進。以為事變縱難結束，控制庸有可能。對於後者，除以其為開明份子外，並希冀其能運用完整的海軍力量，於陸軍發生牽制作用。但在軍部飛揚跋扈之下，他倆亦皆無法發揮效能。尤以海軍中原有其少壯派，米內於整個海軍的意志亦苦無法統一，其他更不必談。當又回到文人主政，仍由近衛組織其二次內閣與三次內閣，馮婦下車，至再至三，自懍於責任之重而以結束事變為急。卻不料反上了東條的大當，太平洋戰爭即伏根於此。

當時東條為近衛內閣的陸相，曾暗示其有收拾時局的抱負。近衛自份無能，巴不得有人擔當其事，因退避賢路，成立東條內閣。其實東條為主戰派，此時更為德國人的勝利所吸引。為遂行其與軸心國家協同作戰，以完成日本為整個亞洲領導國家的迷夢，乃以詐騙手段，攫取首相地位，從而拋起太平洋戰爭，把中日戰事和世界大戰連繫起來，而與英美等一系列的同盟國家為敵。其初偷襲珍珠港，擊沉英國主力艦，囊括東南亞，確是無戰不勝，無攻不克。詎知未及兩年，英美捲土重來，日本節節失敗，東條自難安於其位。乃由小磯陸軍大將接任首相，挽救危機，企圖由中日和談發展到日美和談。卻又為了繆斌的和平路線及其他影響，為軍部所傾軋，旋告垮臺，而有最後鈴木內閣的任命。

由於上述日本在八年戰事中換了九次內閣這一經過，足見其僅有發難之勇，而無收拾之方。政治中樞，竟如棋局，與戰時英國邱吉爾的始終主政，大異其趣。以致許可以媾和的機會，均讓其輕易錯過。如與日俄戰時比較，則更見其人才寥落。

清一色反戰派人物

當日俄戰爭時，伊藤博文、山縣有朋（參謀總長）、桂太郎（內閣）、山本權兵衛（海相）、小村壽太郎（外相）、大山嚴（統帥）等皆以一時俊彥，同處要津。大山出征前曾和桂太郎等面約，如遇有停戰機會，必須抓緊，毋以前敵軍情為慮。以其臨事而懼，好謀而成，將相協恭，表裡配合，故終以和克敵，於奉天會戰後，即不再進，由美總統出面調停，完成全面勝利。以視中日事變之一發而不能收，內無重臣，外有驕兵，宜其結局大不相同了。

鈴木貫太郎為海軍耆宿，常自稱不懂政治、討厭政治，並反對德意日三國同盟和反共條約。在一九三六年二二六軍人大暴動時，他已成為目標之一，幾及於難。此時他以樞密院院長，繼小磯之後，受命組閣，於一九四五年四月七日舉行親任式，其高齡已達七十有九。

此一內閣，有一特點。在鈴木領導下，由陸相阿南惟幾與其推薦的國務相安井藤治中將，海相米內光政與其推薦的國務相左近司政三中將，再加國務相下村宏等六人組為內閣核心。下村亦為二二六大暴動之目標。以一戰時內閣，而首相與國務相為反戰派人物，色彩自明，稍諳日本政情者，一望而知其為和平內閣。說得難聽點，即為投降內閣。

鈴木登臺後，同月廿九日，德國接受無條件投降。這一消息，在日本如遇大地震，全國撼動。其時內地常遭轟炸；沖繩戰事，極為險惡，戰火有逐漸燃燒本土的可能。經過幾度閣議後，鈴木首相又於五月卅一日在其官邸邀集核心內閣，舉行懇談，座中以米內和阿南的對話為最多。

米內說：「前途無望，不如早和。否則越戰越敗，連講和的機會也失去了。」

阿南說：「如果敵人在本土登陸作戰，也許我們還有勝利希望。」旋又說內心話：「如果講和，勢非大讓步不可，恐不易說服少壯派。」

米內說：「這不能作為理由。再敗下去，恐國體亦將無法維持。」言下不勝感慨。所謂國體，是指皇室而言。

瑞使斡旋毫無下文

其間有人提議，可請蘇聯出面調停。終因阿南未有明朗表示，又因聯俄人選未易物色，僅加討論，並無成議。實則此時日俄關係，較之一九四一年互訂中立條約，史太林和松岡洋右在莫斯科車站相擁抱時，已大疏淡，僅剩一個微妙的物資交換協定仍在繼續。其時日本缺乏汽油，以「滿洲國」所產大豆向蘇聯交換。蘇聯原亦缺油，但因美國援助過多，乃以美國汽油供應之。因是此一時期，日本向美國作戰所用的燃料，竟為美國軍用物資，實為一不可思議之事！

米內旋問阿南：「如須繼續戰爭，武器食糧，有無把握？」

阿南說：「到明年就更緊了，眼前還過得去。」

這一次懇談，鈴木意在切實探測陸海軍的意向，未作顯著的主張。若論他們所蓄意願，則六相之中，五相主和，惟阿南陸相仍不能不表示繼續作戰。

這裡可加上一段插話，即以前小磯內閣任內，除了繆斌的談和路線外，尚有中立國瑞典大使Bagge奔走和平的一幕，當時Bagge以大勢所趨，德國失敗僅屬時間問題。據其推測，屆時英國將著重於善後問題，暫難東顧。美國雖欲報珍珠港偷襲之仇，但如須犧牲數十萬人，恐亦須鄭重考慮。如日本能在德國瀕於崩潰之先，由中立國居間斡旋，預向英美談判不失為一良好的機會。外相重光葵及內閣情報局總裁緒方竹虎均韙其言。一九四四年三月卅一日，重光且與其深談一小時以上。旋在雙方保密下，Bagge回到瑞典，從事接洽。不知怎麼一來，這個鴿子竟然一去不返，消息全無，重光等的希望便皆落空了。

蘇俄緊閉調停之門

六月九日，天皇召開御前會議。未及半月，又於廿二日召集首相、陸海相、東鄉外相、梅津陸軍參謀總長、豐田海軍軍令部長等六人，特於請求蘇俄出面調停問題，作御前懇談。天皇思召近衛為訪俄特使，又有人主張不如派遣廣田弘毅或久原房之助。議論盈廷，莫衷一是，天皇亦未作最後決斷，僅勗以趕緊設法而散。

其時空襲甚廣，官舍私邸及地下室多被炸毀。汽車、電車、火車在癱瘓狀態中，電話亦受阻礙。海上交通，則日本船幾於全部不能出動，其與滿洲、朝鮮及南洋的航線統被遮斷。軍事方面，艦隊已近於全軍盡墨。空軍僅能作無效地自殺。本土雖仍有其可以一戰的陸軍，但由於交通梗阻，軍糧不易運輸，是年氣候甚壞，生產大受打擊，以致民間早陷於饑饉狀態，而軍方食糧亦於七月三日起減成發給，影響士氣，至為重大。於是謀和益急，於東京、莫斯科同時進行，由外務省與蘇俄大使及駐蘇大使佐藤與蘇俄外交部分別密洽。

七月廿七日舊金山廣播菠茨坦宣言，提出無條件投降。日本於表面上故作違心之論，以示強硬。亦於廣播指出菠茨坦宣言為開羅會談的翻版，認為不足重視。這一打腫臉充好漢的手法，大大地害了自己。從此蘇俄大使馬力克與日本外務省避不見面，蘇俄外部則逕謂其已喪失要求調停的基礎。其實蘇俄在雅爾達會議時已承諾九十天內對日宣戰，這不過是一個藉口，既把調停之門緊閉起來，仍將責任推諉於日本方面。

八月六日第一枚原子炸彈落在廣島。八月九日第二枚原子炸彈落在長崎。廣島的傷亡約為二十萬人，佔其總人口幾及三分之二。長崎的傷亡約為七萬人，佔其總人口幾及三分之一。兩地全燒燬及半燒燬的房屋約共十一萬七千間。罹災者之傷亡損失尚未計算在內。

經過此一空前的大慘劇，日本除投降外絕無他途，於是，有八月十四日十一時御前會議的最後決斷。

日本戰時內閣，自鈴木登臺後，上海的時局觀察家已預測戰事迫近於結束階段。結束戰事的途徑雖未可知，而最後必出於日皇的「宸衷獨斷」，則無疑義。並懸揣宮內省將負起較大責任，作為首相與日皇間的秘密聯繫。

本文上節，說到美軍在廣島長崎先後投擲原子彈，造成空前大慘劇，日本除投降外別無他途，乃有八月十四日御前會議的最後決斷。本節所記，即自廣島投彈起至決定降伏前後的一段經過。其間群情震撼，集會頻繁，海陸相的意見既屬相左，陸相與外相亦意見分歧，馴亟乾坤一擲之後，仍有人企圖改變日皇意旨。此中資料，節引鈴木內閣國務相兼情報局總裁下村宏所著《終戰記》。衡以上海時局觀察家的預測，大體頗能符合。

開最高戰爭指導會議

自八月六日廣島原子彈爆炸後，日本深懼橫須賀金澤新潟等地都有吃彈可能。加以八月八日蘇俄對日宣戰，盟國以雷霆萬鈞之勢，集中於此蕞爾三島。在四面受敵之下，局勢變為空前嚴重。當前所橫亘的唯一問題：即為決定在本土作戰呢還是降伏？

首相鈴木痛感於責任重大，必須作一決斷。當於九號十時卅分參內，謁見天皇。旋舉行最高戰爭指導會議，其構成員除天皇外為首相鈴木、外相東鄉、陸相阿南、海相米內、參謀總長梅津、軍令部總長豐田等六人。討論歷三小時，尚無結論，而第二個原子彈即於其時在長崎爆炸。形勢迫人，才促使會議席上的不同意見較相接近。當經決定四項條件，作為同盟國交涉的藍本。此四項條件大致為：

一、天皇地位的保障。
二、佔領軍不在本土登陸。
三、日本在外軍隊，不在無條件形式下降伏，自行撤兵復員。
四、戰犯懲罰由日本自行處置。

質言之，即為企圖改變無條件投降為有條件投降。

是日正午，原定開內閣會議，因指導會歷時甚久，延至下午二時卅分舉行。外相東鄉報告：八號午後蘇俄外長莫洛托夫召見佐籐大使，通知蘇俄對日宣戰，刻雖未接官書，事實已屬如此。繼由陸相阿南海相米內各提意見。

決定降與戰意見紛紜

阿南：接據報告，滿洲國關東軍的防務堅固，目前僅有前哨小接觸。無論如何，不能接受無條件投降，免蹈意大利的覆轍。原子彈和蘇俄參戰對我當然大不利，但憑大和民族的精神，相信會有奇蹟發生。死中求活，不一定全盤失敗。

米內：現在打的是總體戰，不是陸軍或海軍的局部戰爭。比原子彈和蘇俄參戰更可怕的，就是國內情勢是否容許繼續作戰，不能無疑。作為海相的看法，我們對於英美，已無戰勝可能。對於蘇俄，亦復如此。也許會如陸相所言，持續作戰將有奇蹟發生。但可斷言的，即這奇蹟亦僅為偶然地和僥倖地打上一場勝仗，決無法扭轉整個失敗的局面。當前問題是降伏可以救日本呢還是戰爭可以救日本？大家要冷靜地作合理判斷。時間到了，不是顧面子的時候了，應說老實話。

其他閣員皆有發言，無關宏旨。外相東鄉又作報告：據今天午後舊金山廣播：「莫洛托夫曾對記者談話，蘇俄已應日本要求斡旋和平之意，通知杜魯門總統和邱吉爾首相。」又說：美國要求蘇俄參戰，其中有何交換條件，不得而知。據瑞典方面轉來情報，佐藤大使現已被蘇俄拘禁。

此一閣議，至午後五時半始告休憩，於六時半再開。鈴木首相發言，略謂：時間已萬分緊迫，不容再拖。波茨坦宣言是否接受，已到最後抉擇關頭。照上午最高戰爭指導會議的情形，除接受外，別無他途，請東鄉外相就外交觀點發表意見。

東鄉外相當就指導會所商定的四項，指出佔領軍為保障其佔領安全，不在本土登陸為決不可能。自主撤軍和處理戰犯，亦多困難，無法辦到。

陸相阿南則認為指導會所商定的四項並不是完全的意見。惟有盟國接受四項始能降伏，不接受四項仍須作戰才是整個的意見。又說：日來新京（長春）四平街等處雖遭蘇俄飛機轟炸，但前方士氣尚旺。勝負之數，看來是五與五之比。

海相米內則加以反駁，他說：「即使勝負之數為五對五，但作為科學戰論，我們是全敗了，海軍的遭遇已是明顯的事實。」

詎阿南仍認為海軍的失敗是局部的，不是總失敗。並直率地指出海陸軍的看法不一樣。米內也就反唇相識地說道：「縱然不是總失敗，總之是打敗仗。」

由於各次會議，陸相與海相外相的意見仍有距離，尚無結論，鈴木首相為爭取時間，於午後十時結束閣議後，旋於十一時五十分再開戰爭指導會議。其緊張情形為日本有史以來所僅見。

天皇決定了接受投降

這次戰爭指導會議構成員除如上述七人外，平沼樞密院長亦列席。當時梅津豐田兩總長與陸相阿南抱同樣見解，即盟國如不接受四項條件因而續戰，日本雖不能勝，亦未必一定全敗。他們恰與鈴木東鄉米內主張接受波茨坦宣言形成對峙，在會議席上為三與三之比。鈴木首相以討論時間已長，極度焦急，當起請天皇加以裁決。

天皇乃以莊嚴而沉重的聲調發言。其大意為國內外形勢，已很明顯。如再戰下去，加重傷亡，不僅日亡國，亦為人類的大不幸。在此嚴重關頭，應忍人所不能忍，早把戰事結束。其於傷亡戰士遺族如何撫恤，亦須定出辦法。嗣又提到戰事發生以來，海陸軍所做的往往與計劃脫節，萬一再戰，誰能保證不致重蹈覆轍。

至此，日本接受無條件投降，表面上才算確定。計在九號這一天內，集會四次，歷時凡十四小時。

九號深夜即十號上午三時，內閣又舉行緊急會議，陸相阿南因參加軍事參議院會議未曾出席。當通過「波茨坦宣言中，於天皇統治國家主權無變動，日本政府可以接受該宣言」的議案。即於七時分別電請瑞士、瑞典兩中立國政府將日本承諾該宣言的照會轉達盟方諸國。

十二日早晨，美國國務卿貝爾納斯廣播盟國對日覆文。其中最重要的關於保障天皇主權一點，在答覆上只說日皇與日本政府對於統治其國家的權力應置於聯合國最高司令官管制之下；又說：日本未來政府形式由日本人民的自由意志加以決定；僅於暗示中予以承諾，並無顯著的表示。另指出日本軍隊必須全體解除武裝，履行投降條件。鈴木首相當於下午一時舉行內閣懇談會，陸相阿南於海外日本軍隊就地解除武裝等項仍持異見。

十三日上午盟國正式覆牒到達。鈴木首相邀集外相陸相海相及參謀軍令兩總長又作懇談。旋於下午四時開內閣緊急會議。陸相仍要求外相就九號第一次指導會議商定的二三四項，通過中立國續向盟國交涉。東鄉態度冷靜，認為絕無可能。討論至七時卅分，對於接受盟國覆牒所開各節尚無明確的決定。

其間參謀總長梅津軍令部總長豐田曾企圖透過高松宮（天皇之弟）說服天皇改變旨意。迄晚間十一時卅分，軍令部次長大西回報：高松宮表示「應信賴天皇的話，不必多談。」兩總長的態度才開始軟化。

錄音蠟片險些被搜刮

十四日上午十時原為閣議例會之期。開議前閣僚陸續到達，皆各憂形於色，紛紛耳語，神氣倍見不妙。事緣他們都聽到強硬派與右派軍人聯絡，反對降伏，軍中已有不穩跡象。鈴木首相旋將昨今閣議經過呈奏天皇。

十時卅分，天皇召開御前會議，與議者除首相及內閣閣員外，平沼樞密院長、海津豐田兩總長及其他多人並皆出席。御座前排列二列椅子，右列為鈴木首相平沼樞密院長等，左列為梅津參謀總長豐田軍令部總長等，後列則為一般閣僚及綜合計畫局海陸軍軍務局局長等多人。一時宮廷之內，寂然無聲，氣氛極為緊張，各人心頭亦極沉重。天皇在蓮沼侍從武官長的前導下出就御座。先由鈴木首相報告閣議經過，並稱對於無條件投降的接受程度，其間仍有差別，不能完全統一，請求裁奪。參謀軍令兩總長則相繼以君辱臣恐、死中求活為言。此時說來，原屬廢話，但其悲壯沉雄，猶足激發愾敵同仇的心理。最後天皇表示：維持第二次指導會議的原案。並說到本身生死，置之度外，惟為國家民族前途著想，必須忍辱負重，作斷然的處置。語極感人，無不泣下數行，天皇亦不禁淚承於睫。十二時許，會議始散。日本接受無條件投降，才告完全決定。

御前會議中天皇所說的話，當時並無速記，嗣經左近司國務相太田文相手記而由首相鈴木加以校閱。投降詔書先由內閣擬好。御前會議後又開閣議，為防有叛軍臨時破壞，討論詔書發表方法。經商定採用錄音製片，交由放送會館廣播。先由天皇於是日下午在宮中宣讀錄音，製成蠟片。然後於傍晚間由國務相兼情報局總裁下村宏將蠟片賚送放送會館，預定於十五日中午十二時廣播。詎下村車駛抵宮門二重橋時，果有叛軍攔截搜索，並將下村逮捕，拘於二重橋附近近衛師團兵房。同時被逮者尚有勅任部長加藤祐三郎放送課長山岸重孝國務大臣秘書官川本信正放送協會會長大橋八郎等凡十八人。下村恐蠟片已被搜獲，躭誤放送為懼，而在禁閉中又苦無法可施。

所幸十五日清晨七時卅分，忽予釋放，蠟片尚藏車中未被搜去。當即馳往放送會館，則又來了大批叛軍，要求將蠟片交出，由他們去放送。其時東京在大混亂中，放送會館屢電近衛師團司令部求援，迄無要領。正在相持間，好容易護衛軍隊於中午十二時前十數分鐘趕到，叛軍撤退，投降詔書才得依時正式放送。

陸相阿南惟幾之自決，即在下村被拘於二重橋，鈴木首相私邸被燒毀，陸相官邸電話鈴聲接連不斷之際。事後鈴木說：「當十四號閣議之後，阿南戎裝佩刀走入首相辦公室，向我致最高敬禮後說道：『我因代表陸軍意見，故在歷次會議中，態度過於強硬。我本來是想幫助總理結束戰爭的，不料結果意見對立。作為閣僚說，我對總理非常抱歉。』我當時為感動，緊握著他的手答道：『大家都是為了國家，我很了解，我亦非常的感謝你。日本前途，用不著悲觀。』可見其於最後閣議中，死志已決，故向我作一表白。」

天皇決政事共僅二次

至於東京叛軍暴動，反對投降，係由近衛師團佐官級的畑中、古賀、井田、椎崎等所策動。他們先到師團司令部，要求森師團長出而領導。森不同意，即被槍殺，參謀人員亦被禁閉。旋假借師團長名義下令出動，於是發生封鎖皇宮、禁閉蓮沼侍從武官長、搜查詔書錄音破壞廣播、燒毀首相私邸等一連串暴行。迨東部軍司令官田中靜壹大將趕來鎮壓，經三小時才把這批少壯軍人說服。當時有四個軍官自殺，其餘由憲兵隊逮捕，而田中大將感覺責任問題，旋亦自殺，其後尚有叛軍開入京都，事屬尾聲，茲皆從略。

按之日本憲法，天皇神聖。一切政事，由輔體執行，天皇僅為形式上之裁可，很少自作主張。昭和即位以來，至此恰為二十年。其親斷事件，包括這次結束大戰在內，僅有三次。第一次為九一八事變。其時首相田中義一，即為專事計劃侵略中國以「田中奏議」著名的老軍人。他於發動九一八事變的關東軍負責者，奏明天皇，主張嚴辦。在他的意念中，侵略為一事，自由行動為又一事。關東軍未獲裁可而自由行動，等於叛變，為維持軍紀，故須嚴辦。事經半載，尚無結果。距陸相白川又以嚴辦恐更激發事變為詞，奏請改以行政處分了事。天皇當向田中、白川質詢，何以主張互異。田中因是辭職。第二次為二二六軍人大暴動，天皇於聽到內務大臣齋藤大藏大臣高橋陸軍大將渡邊相繼被殺後，又據傳說首相岡田失踪，鈴木（即此時首相）侍從長負重傷，怒不可遏，即飭左右備馬，自往鎮壓，並向參謀總長閑院宮陸相川島說：「我的軍隊，沒有我的命令而行動，便是叛軍，叛軍必須討伐。」嗣經勸阻，始罷親征。及至此番御前會議，裁定接受無條件投降，則為其親斷事件之第三次云。

陳彬龢口述史

胡敘五筆錄

【導讀】不學「有」術的報界奇人——陳彬龢

蔡登山

記得「陳彬龢」這個名字，是在研究張愛玲的時候所讀到的資料。那是一九四五年七月二十一日，「新中國報社」（《雜誌》出版社）在上海咸陽路二號召開「納涼會」的座談會，邀請東亞電影明星李香蘭和中國女作家張愛玲舉行座談。當天參加的人士除了李、張兩人外，還有日人松本大尉、中華電影副董事長川喜多長政和新聞界的金雄白、陳彬龢以及張愛玲的好友炎櫻、姑姑張茂淵等人。李香蘭是淪陷區最出風頭的電影明星，一曲《夜來香》不知風靡了多少觀眾。她在影片中一向扮著中國女人熱戀日本美男子那一類的角色，藉以表達中日親善。而《雜誌》此次將張愛玲抬出來與李香蘭分庭抗禮，可見是把張愛玲當做一張王牌的。而出席作陪的金雄白、陳彬龢也非同小可：前者除是報人外在汪偽政府中有多種官銜，而後者是日本海軍接管後的《申報》社社長。在座談中陳彬龢不改報人本色提起小報上紛傳張的戀愛，問她的戀愛觀如何。張愛玲正色答道：「就使我有什麼意見，也捨不得這樣輕易地告訴您的吧？我是個職業文人，而且向來是惜墨如金的，隨便說掉了豈不損失太大了麼？」凜然難犯的架勢，讓陳彬龢有些自討沒趣。而緊接著談到大報和小報，張愛玲稱她喜讀小報，「它有非常濃厚的生活情趣，可以代表我們這裡的都市文明」，可以看到「最普通的上海市民」。對大報她也不含糊恭維兩句了事，要頂真地說「大報似乎同生活隔得遠一點」，又說上海人一度多看大報不過是想從上面看點戶口米、戶口糖的消息之類。陳彬龢聽了心有不甘，要捍衛大報的地位，辯說大報與時局關係密切，一般太太小姐不關心現實，生活超然，才對大報冷淡。張愛玲不肯讓步，偏說大報與現實生活離得很遠，又因為是代人立言，使用的是一種沒有色彩的灰色語彙，因此她毫無興趣。

而就在納涼會之後不到一個月，八月十五日，日本人宣佈無條件投降了。曾在納涼會上談笑風生的陳彬龢這時已逃得無蹤無影了。而那次納涼晚會也成了張愛玲在淪陷時期公開場合露面的最後一次。對於此次的座談會，學者余斌認為「以她（張愛玲）的交往，她對時局的變化不會一無所知，按照常理，在這種時候她多少應該存個心，不要和李香蘭、金雄白、陳彬龢這些有漢奸嫌疑的人物攪在一起（何況是公開露面），免得以後更說不清。但是張愛玲就是張愛玲，她相信凱撒的歸於凱撒，耶穌的歸於耶穌，政治的歸於政治，個人的歸於個人，自己的歸於自己——她有她自己的判斷，有她自己的完整，有屬於她自己的與旁人無干的天地。以此，她拒絕出席『大東亞文學者大會』，也以此，她不避嫌疑在這個時候去參加納涼會。」

至於陳彬龢後來因為逃遁到香港，對於他的諸多資料，兩岸竟付之闕如，甚至錯誤百出，如《民國人物大辭典》等工具書，甚至把他的生卒年只記到一九四五年，其實他是活到一九七〇年才在日本病逝。筆者根據他後來在香港《大華》半月刊及香港《春秋》雜誌發表的幾篇回憶錄及與他多所交往的金雄白、高伯雨（林熙）等人的回憶文章，梳理出他的生平大要。

陳彬龢（一八九七至一九七〇），江蘇吳縣人。據他在〈我的年青時代〉（由胡敘五代筆）一文中說：「我出生於破碎的家庭，先父早背，家道寒微，所受正式教育，只在高等小學讀過幾年。先母為維持生計，在上海哈同花園倉聖學校女學部，覓得舍監的職務，兼教刺繡。而我則於十六歲時，由親友介紹，在浦東中學充任一名書記，寫鋼板，印講義，於蠟紙油墨間虛擲大好光陰。」後來他母親經過多方請託，才將他弄進哈同花園，當上男學部初小一年級的國文教員，月薪十元。也因此他得識前來擔任中學部國文教員的金石家胡小石，更因此認識了中國第一流學者沈曾植、朱祖謀、王國維等人。對於朱、王兩位老前輩，陳彬龢說：「一個是一代詞宗，一個是國學大師，我均有親炙的機緣，由於無知，空入寶山，絕無所獲。後此我在北京，國維先生適在清華園講學，陳援庵（垣）先生知我與他有一段淵源，每將借書、借碑帖等事務，委我往洽，接席承顏，猶能親聆謦欬，可惜人事粟碌，我已騰不出功夫來，在學術研究上請求指導了。」

一九二四年陳彬龢到了北京，他應公立女子中學之聘，擔任教席。校長陶玄女士，出身於北京女子高等師範學校。彼此原有通家之好，但有次校長說他是個沒有學歷的人，雖是事實，但陳彬龢認為是嚴重的譏刺，於是一待學期結束，他就辭職不幹了。陳彬龢說：「此時我在禮拜天都到西四牌樓大街的教會裡去，聽滿州籍的寶牧師講道。十有八九，我的隔座總是坐著一位老先生。經過多次見面後，彼此攀談，才知道他是我聞名已久未易識荊的陳援庵老先生。他詢知我是中學教員，又知我已經提出辭職，便和我約定，下學期準到他在創辦的平民中學去任教。屆期，平中開學了，他自為校長，委我為教務長，比我原任的職務還高一級。」不久，由於政局變化，交通系失勢，平民中學隨而失去支援，決定停辦。陳彬龢說：「其時我有一位鄉親譚鴻熙先生，住在北京旅館（非北京飯店），我常往返。他是留法學生，研究生物學，曾任北京大學教務長，與汪精衛、褚民誼兩先生具有連襟之誼，而與張伯苓先生則為莫逆之交。伯苓先生唯一的嗜好為聽戲，由津到京，亦寓北京旅館。聽戲時，我們三人一體，同去同返，習為故常。他聽到平中停辦的消息，便邀我到南開大學教書去。我自知學力不能勝任，但抵不住我那份好勝的心理，在驚喜疑懼中貿然應承下來。此中艱苦，我今天只能說出這麼一句話，即由中學教員跨進一步做大學教師是一件很吃力的事。」

一九二六年「三一八」慘案後，段祺瑞政府於次日下令通緝李石曾、李大釗、易培基、徐謙、顧孟餘五名「暴徒首領」。當時《京報》還公開披露的一份所謂第二批的通緝名單，有四十三之多。在《魯迅全集》的《而已集》「附錄」〈大衍發微〉，就收有這四十八人的名單。魯迅和周作人兄弟名列第二十一、二十二名，陳彬龢名列第三十一名。魯迅還為這四十八人分別加寫了籍貫和職務。他給陳彬龢加寫的籍貫是「江蘇」，職務是「前平民中學教務長，前天津南開學校總務長，現中俄大學總務長」。後來陳彬龢又擔任為時甚短的上海澄衷中學的校長。高伯雨認為陳彬龢未經過什麼中學大學，也未出洋鍍過金，但也能在大學、中學當總務長、校長等職，大概是有「學閥」之稱的黃炎培提挈的。

陳彬龢在一九二八年與日本駐滬總領事館的岩井英一拉上關係，並為其提供情報。一九三〇年一月編輯出版《日本研究》月刊（岩井是其後臺。一九三一年十二月停刊）。陳彬龢在〈我和《申報》〉文中說：「我於一九二九年開始研究日本問題。一九三〇年又去東北作三個月的實地考察，所有重要地點，包括遠至中蘇邊境的滿洲里在內，均曾雪泥鴻爪，留有遊蹤。雖為走馬看花，說不上深刻的認識，但於日本人在東北的佈置，遊目所經，比之純從書報得來的印象，究有所別。」

一九三一年春，陳彬龢因黃炎培之介紹而進《申報》館工作，剛開始完全是「養媳婦」的身分，連寫字檯也沒有一張，辦公時間，只能傍住總編輯張蘊和的寫字檯，加把椅子，側身坐下，聽聽張的言論。一九三一年「九一八」事變爆發，由於時局陡形嚴重，才把他這「養媳婦」身分予以改變。黃炎培主張向政府開砲，陳彬龢則表示應以一致對外為先，張蘊和贊成陳的見解，這是陳彬龢進《申報》發表長篇社論的第一次，此後張蘊和便把寫社論的工作讓陳彬龢承擔。有人說陳彬龢的文章，多半出於代筆，他說：「這是事實，決不自諱。但我並不是由皮到骨，全由代筆一手包辦，文章的主張多是我抓的，文字的修正亦多是我增刪的。……我又認為社論不是代表執筆者個人的意思，而是代表多數人的共同語言。所以遇到了一個問題，必須徵取多人的意見，正面反面，面面顧到，然後寫為社論，才得其正，而不為感情所左右。又文字的使用，不必求工，但必簡明，所以我主張社論發排以前，最好能經多人過目，以期每字每句，使讀者容易讀懂，容易領悟。由於我於社論的主觀如此，所以我以私人立場特約了好幾位代筆的朋友如陶行知、章乃器、楊幸之諸先生都是，史先生（案：史量才）是不知道的。」陳彬龢又說：「陶行知先生為著名教育家，思想前進，品行高潔，關於教育方面論文，我常請他偏勞。章乃器先生其時在浙江實業銀行任襄理，工作重點偏於經濟研究，不管業務。關於經濟方面論文，我便請他執筆。……關於政治性社論，以楊幸之先生寫得最多，楊先生始終為我牀頭捉刀人，未嘗露面。」

陳彬龢在〈我和《申報》〉文中提到他革新《申報》副刊的經過，他說：「我又於副刊方面著手改進，作全面的革新。副刊在上海的混名叫『報屁股』，似為人所輕視，其實它的分量絕不在社論之下，讀報的人儘有不讀社論而專在副刊著眼的，就教育意義而言，關係極大。《申報》副刊『自由談』，沿襲舊制，滿幅盡是遊戲文章。天地之大，似除風花雪月外，無一可談，陳舊尚為餘事，最要不得的如張資平所寫的三角戀愛連載小說，浪漫頹廢，尤足使讀者迷惘。因此我寧冒不韙，先將張資平的小說，予以『腰斬』。此時，黎烈文先生適從法國回到上海。他在法國專攻文學，與史先生又有世誼，由史先生提出由黎烈文接替周瘦鵑先生，論人論事，確屬佳抽薪，同意照辦。但念革新後的《申報》，銷數激增，每日發行達十三萬份，我尚不無微勞，又不願意放走，正在兩難間，恰巧南京路的大陸商場建築完成，後門在九江路，繞過九江路便到漢口路《申報》館，史先生鑑於距離不遠，計上心來，為了使我仍能暗助編務，和報館僅作形跡上的脫離；又為配合《申報》六十週年（一九三二）紀念，準備興辦社會教育事業，乃在該商場租賃一層樓，劃出一部份作為我的辦事處。此後我便不到報館，互以電話書面聯絡。」再後來「南京採取封鎖政策，《申報》除上海租界外，不問郵遞自運，概予截阻，《申報》的大門仍讓敞開，生命線卻被扼殺，史先生實在無法招架了，唯有屈服，將我解職，其時是在一九三三年冬天，距我參加《申報》，恰恰三年。」陳玉堂的《中國近現代人物名號大辭典》說「一九三四年史量才被暗殺，陳也離去。」顯係不確，陳彬龢在〈我和《申報》〉文中亦曾提到「我則於史先生遇害前一年，完全脫離《申報》，所謂『君處北海，寡人處南海，唯是風馬牛不相及也。』」

離開《申報》的陳彬龢遠走香港，依然得心應手而大顯身手。據金雄白說，陳彬龢與香港《天文臺報》社長陳孝威將軍為知交。陳孝威（一八九二至一九七四），字向元，福建閩侯人。保定陸軍學校畢業，他在一九三六年十一月，於香港創辦《天文臺報》，開始大量撰寫論戰文章，分析當前國際戰事形勢，憑其卓越的軍事天才，既有效宣揚全民抗戰，又成功判斷了德國攻蘇、日本發動太平洋戰爭、蘇軍進入東北等軍事行動，成為當時國際著名的戰略預言家，美國總統羅斯福、英國首相邱吉爾都對他的戰略眼光大表驚嘆，紛紛致函褒獎，並納入諸國軍事參考一是老特務袁殊，而另一人就是陳彬龢。」

陳彬龢在〈前塵夢影錄〉文中說：「我是於太平洋戰爭爆發、香港淪陷後的次年（一九四二）二月間回到上海的。」金雄白說：「太平洋戰爭後，日軍進入上海租界後，取得了租界以內的一切權力。最令市民注意的是新聞界《申報》與《新聞報》未來的命運。租界以內望平街一帶的地區，是屬於日本海軍的勢力範圍之內，《申》、《新》兩報將由何人負責，也將取決於日本海軍當局的決定。當時就有不少人全力鑽營，以期獲得這兩報的最高職位，而最後也是最先發表的，竟是委任了陳彬龢為《申報》的社長。」陳彬龢在〈我和偽《申報》〉文中說：「當時覬覦《申報》的，有汪政權的『宣傳部長』林柏生、『上海市政府秘書長』趙叔雍、青年黨曾琦、國社黨諸青來等，均在鑽頭覓縫，各走門路。據說日本海軍方面對於這些份子是不表歡迎的。他們認為論事論人，唯有我以申報舊人，回到舊地，駕輕就熟，最合理想；尤其因為我沒有參加過任何政治組織，也沒有擔任過任何政治工作。在我個人方面，認為申報是史先生的遺產，與其落在人手，更不如由我接收，為老東家勉盡保管責任，亦是應分之事。這項義務，我可以說，未嘗活動過，但亦未嘗推託過。」

一九四二年秋天，陳彬龢出任《申報》社長，金雄白在《汪政權的開場與收場》一書中說：「在他負責《申報》的時期，他的表現分三項：（一）親日——《申報》以大字套紅為日軍宣傳戰區大捷，立場甚至超過日人自辦的《新申報》。（二）反蔣——他曾寫過一篇〈蔣介石論〉，把蔣二十年來的言論作一對照，在淪陷區內對蔣先生作如此攻擊，也是希有的例子。（三）諷汪——《申報》對汪政權的若干措施，加以率直的攻擊與譏刺，當陳群出任江蘇省長，引用謝葆生當高級警務人員時，被詈為流氓政治；那時的《申報》處於軍管理狀態之下，它代表日軍的發言，連汪政權也奈何他不得。」陳彬龢後來回憶這段日子，說：「回憶前塵，恍如一夢，對神聖的抗戰而說，我誠內疚神明；惟對史先生及《申報》而言，似尚不無微勞可錄。那幾年間，我這偽社長的薪水，始終為偽幣五千元一月，此外絕無半文浮冒。後來中儲券發行萬元一張的票面，我的月薪僅購買幾件油條燒餅罷了。然而我為《申報》卻留下一些的資產，單說配給到的白報紙一項，恐七十年來尚未見有如許存量。可是我這看家狗畢竟是白做的，勝利後史詠賡兄（案：史量才之子）回到上海，僅被配給一個有名無實的副董事長，《申報》的整個家當，統統被國民黨拆光了。」

日本無條件投降的次日，陳彬龢到亞爾培路二號見金雄白，金雄白說：「他告訴我，一旦重慶政府回來後，一定不會放過他，他是最後來向我辭行，從此他將有一個時期的隱藏。而他來看我的最大目的，是勸告我與他一起走，他有最安全的地方，可以完全放心。我告訴他我的打算，他嘆了一口氣說：『政治只有成敗與利害，你竟談起功過是非來了，你會後悔的！』我謝謝他對我的關切。他握住了我的手，眼淚從面頰流下來了。我送他出門，看他已放棄了原有的汽車，坐上三輪車，向北而去。」從此人間蒸發，音訊全無。

當時方型周刊《吉普》甚至有〈老牌漢奸陳彬龢安在〉的報導說：「文化界一等大漢奸陳逆彬龢，罪大惡極，『國人皆曰可殺』也久矣！惟自敵軍降服以來，瞬將五月；政府開始逮捕漢奸工作，亦已三月有餘；各地大小漢奸，紛紛落網，獄為之滿，總數可以萬計。……獨此巨逆陳彬龢……，迄今未聞有確實下落。」又說：「初傳陳逆在蘇自殺，繼又傳其未死，惟圖假死為煙幕而逃遁，其家屬且為之『遵禮成服』，舉行空棺材大出喪，藉祛人惑，但不久『穿榜』。後又傳陳逆傚江逆亢虎法，化裝為僧，匿於某寺，旋僧裝圖逃，卒為人識破云云。……後又聞陳逆實匿居虹口，有日人某庇護之。又傳陳逆居日人家中，化裝著和服，儼然倭塌塌裝為日人而入集中營云云，但事總不可稽。……關於陳逆消息之最後見於報紙者，則謂其在青島被捕，但記述簡單，亦未及其被捕詳情。消息來源似不甚可靠，……」

陳彬龢後來發表在香港《春秋》雜誌的〈一個逃避漢奸罪刑者的自述〉（由陳彬龢口述，胡敘五筆錄）中說，他首先把內人及一女孩移居於梵王渡路的舊里弄裡，又把其餘子女分寄於至親好友處，一律改姓吳。陳彬龢喬裝易服，不時更換地點，潛匿在東南鄰近各省的小城鎮中，漂泊三年，歷經九省，竟然躲過「追捕漢奸」的羅網。陳彬龢說他能得以逃脫全靠寺廟的法師和教堂的神父的照顧，他說：「自我蓄意逃亡之始，先承圓瑛法師予以同情；到杭州後，又承如常法師殷勤掩護；這是屬於佛教方面的。迄我行抵灣沚，於無意中和西班牙的神父相識起來，此後輾轉各方，屢更寒暑，天主堂便成為我的隱蔽地，自樞機主教以逮於神父亦幾全為我的保護人。」

但金雄白推斷他可能隱藏在中共地區，並受到保護。對於此，陳彬龢有所辯白，他說：「一般報紙，則不時為我大造其謠，除登我在青島被捕一類壞消息外，又說我去了大連和佳木斯，大演其說，參加了中共組織。他們往往把我視為袁殊、邵式軍等一流，以為他們去得，陳彬龢自亦去得。而不知各有各的因緣，各有各的布置，我雖從未視共產黨為『匪』為『寇』，但我亦從未和共產黨打過交道，天下事那能一概而論。何況共產黨處置漢奸比之國民黨還要嚴厲，我不是他們的人，我能貿然跑到他們的『解放區』去麼？」

一九四七年年底，陳彬龢終於逃到香港，他說起先他瑟縮於香港木屋區中，從事於翻譯的研究。除為公教進行社編製《教友手冊》及為方言會看《舊約》譯稿，為了生活不得不和教會發生接觸外，其他友好，絕不知香港有他這人。一年之中，他出門的次數，真是屈指可計。直到一九四九年廣州易手，他才公開露面。金雄白說，當他一九五〇年輾轉來到香港時，許多人認為他與中共有一定的關係，於是想從他身上獲得門路，因此與他聯絡，向他示好的就不乏其人，使他在這一段的時間內，又過著一段輝煌的日子。

高伯雨談到一九六五年他在香港籌備創刊《大華》半月刊時，陳彬龢曾大表贊成，並說：「高先生，你放膽做下去，我支持你，如果你辦膩了，沒有興趣繼續下去，可以讓給我辦，你需要多少頂手費，我用分期付款的方法清還。」到了一九六六年七月，《大華》的資金六千元已花光了，高伯雨有意立即把它停刊。此時陳彬龢表示他願意每月支持《大華》七百元。高伯雨說：「其實彬龢此時已露出經濟困難之象了，不過他還竭力掩飾，死撐場面，他許下的每月七百元，常常不能依時交來，有時交來亦只是半數，而此半數還是期票。到時銀行退票，他才叫金增祥（為他奔走的人）送來現款，調回廢票，甚至有時他說再過幾天，重新交進銀行，一定有錢可拿的，但到時仍然退回。能夠一次拿來整數七百元，未嘗見過。可知他的手頭不大寬裕了。」到了一九六七年，香港正在大騷動時期，金雄白說：「他（陳彬龢）經濟上已到了山窮水盡之境，不幸又患上了老年人常有的攝護腺症，一度進入醫院施行手術，出院以後，就悄然買棹前往日本。」

在日本居留的最初一兩年，依靠以往與日本人的交誼，陳彬龢還賃居了有庭園的華屋，出入於豪華的餐廳，並雇用了一名能說英文的女秘書，還為她分期付款購買了一層公寓房屋。但要不了若干時日，日方對他的優厚待遇終止了，朋友們給他的接濟也中斷了，床頭金盡，那個女秘書就以白眼相加而給以非人的待遇。睡在她床前的地板上，不再與他同寢，也不再供應飲食。金雄白說一九六九年四月，他去日本時曾約陳彬龢見面，「本來由他的住所到我的旅館，汽車的行程，僅需十五分鐘，而我等待他一小時有餘，始見他蹣跚而來，形容的消瘦，使我幾乎不識。在臥室中落座以後，我首先發覺他手部顫抖，竟至無力端起一個茶杯。語音含糊，發言無條理而不相連續，神志已在若明若昧之間，記憶力也瀕於喪失。在短短的半小時談話中，他提到了日本一個相知好友對他的勢利刻薄的情形，大哭一次；再提到一個日本小姐當他有錢時曾呵護備至，一旦艱窘，就反面若不相識，且有逐客之意，再大哭一次。最後他又說到留在大陸他所最鍾愛的幼女，即將結婚，但男方提出的條件，必須與他斷絕關係，說到傷心處，又大哭了一次。他一向是極端樂觀的人，在最困難的時候，總說『天無絕人之路』，那天的情形，已顯出他有了絕望的感想。他一面說，一面又從他帶來的一個大紙包中，取出了僑日的身分證，向各醫院診病的門診證，還有張季直的年譜，說要把它重印，最後還送給我一幀他的近影。我與他相交數十年，過去從未送過我照相，這一切，都顯示出不祥之兆，而終於這次的晤談，成為訣別，也是香港他的無數友好中成為最後見到他的人。」

金雄白又說：「竟然從那天起，他完全陷於精神錯誤狀態中，那天與我握別以後，即不曾回到寓所，流浪在街頭，有時竟闖入不相識者的家內。在我留日期間的不到一個月中，曾三次進入警局而由朋友們代他保出，最後就把他送入了醫院，纏綿四個月，終於在一九七〇年八月三十日午後五時五分，逝世於日本茨城縣水海道市的厚生醫院。」

金雄白認為陳彬龢沒有什麼真才實學，他甚至說五〇年代在香港時期：「有一次，他要我寫一封給政客的信，堅囑我文字上要寫得力求典雅，我也真是盡心為他草就了。第二天又見到他時，他取出了那封信稿對我說：『你為我寫的那封信，有些不妥之處，我把字句改過了。』我取來一看，不意他竟然沒有看懂我用了典故的字句，反而改得不通了。這樣，我才相信過去說他不能動筆的傳言，是千真萬確的事實。」陳彬龢曾翻譯日本大村西崕著的《中國美術史》，而日本外務省情報部編印的《中華民國滿洲帝國人名鑑》還說他是「日本留學生」。對此他曾對高伯雨說，他不懂日文，也未嘗到過日本讀書。他說，所有他譯的書，寫的文章都是有人代筆的，他付出很高的稿費以求名，於是他就廁足作者之林了。

金雄白說陳彬龢不事生產而舉止豪闊，在他過去的早期半生中，總有人為他作經濟上的後盾。對此陳彬龢自己也承認，他說「所以說我手面闊綽倒是實在的，而我以貧兒擺闊，即由於盛文頤的支助。盛文頤開宏濟善堂，專賣鴉片煙，財富之鉅，上海首屈一指。」盛文頤，人稱盛老三，是清末郵傳部尚書盛宣懷的侄子，而他自稱是盛宣懷的兒子，那是因為恰好盛宣懷的三兒子盛同頤英年早逝，他就鑽了這個空缺。盛老三依仗日本人做後臺，大發煙毒之財，他把江南一帶的鴉片經銷權，又分包給他的同夥和幕僚藍芑蓀、嚴春堂等人，專銷上海、南京、蘇州、杭州等地，不僅成了上海灘的「煙毒霸」，而且與軍警勾結，雇流氓為打手，還壟斷了江南和長江沿岸的煙毒市場。陳彬龢有了盛老三的經濟後盾，自可以日日宴飲、夜夜笙歌。金雄白說：「那時上海最豪華、最昂貴的西菜首推跑馬廳畔國際飯店十八、十九兩樓的『雲樓』，我與他幾乎每天攜豔侶，恣笑謔，以此處為最多飲讌之處。我創刊的《海報》上，唐大郎寫了一篇〈雲樓兩豪客〉，備加譏刺，所謂『兩豪客』指的就是我與彬龢。」

不學有術，長袖善舞，曾經席豐履厚，後來落水為漢奸，終至落魄潦倒客死異國。這也算是「報界奇人」陳彬龢的傳奇一生。

的追悼會，我仍參加發起，未忍恝然置身事外。我已一心歸主，所做工作，以集合同道翻譯《聖經》為重點。一九六〇年英倫出版的新英語《聖經》即為我們翻譯的藍本，經過集體努力後，新約部分漸告完成，目前在校正中。這是我們共同引為欣慰的一件事，更是我個人引為稍減心頭積疚的一件事。

所謂心頭積疚者，是指我在淪陷期中的膽大妄為而言。我不敢說他人，我總覺得自己在這一大染缸內滾過許久後，縱使我向為敦品勵行的人；當時的動機或另有所在；以及今日事過境遷我得倖免於法律制裁；而在良心上說來，則仍為一沉重的重擔，雖以我畢生精力專注於《聖經》翻譯，仍不能補贖於萬一。

我的友好，以我的接觸面相當廣泛，其中不乏政治上和人事上的秘聞，慫恿我寫成回憶錄以存真相。我經過多次考慮後認為「不配」。如冒然落筆，牽涉多人，難免開罪朋友，我亦「不敢」。若徒裝點門面，自我宣揚，把負疚之身披上美麗的外衣，寫成訃文所附的行狀，我更「不願」。萬一真的要寫，我只能自暴其醜，寫出一個高級智識份子的墮落經過。今天我所說的雖非如此，然已屬於墮落的結果。從側面看，可說為自暴其醜的一端。而把積疚略加宣洩，也可稍解心頭鬱結。

無所留戀不存幻想

關於當時我所處的環境，於此亦須略作說明。在《申報》職員中，有九位為與「軍統」有關的份子。他們怎樣注意我，是屬他們的事，我始終未曾揭穿他們。在接近抗戰勝利那一階段，我家寄著一位馬玉璋小姐。她是馬相伯老先生的孫女，以我與相老的交誼，當然視如家人。不意她是由「中統」派來的特務，我雖深悉其隱，卻仍招待如故。因此我在那一時期，直接監視者計有十人之多。間接監視者必更大有人在。但我出無保鏢，居無嚴範，我行我素，任其自然。重慶所派密使，到上海後不少找我掩護，我總盡力做去，以策安全。但在他們回渝覆命時，我從不託他們帶句口訊，以為將來之地。一九四五年春，聞蘭亭老先生一早來看我，承告：「內地派來一位丁先生，自稱奉宋子文先生的密令，指名要見你我兩人，作為勝利前的工作聯繫。我已見過，人極誠懇，你亦不妨一見。」我說：「我向來不認識宋先生，他不會指名要見我的。即使確有其事，見了你也就夠了。」因此我和這位丁先生始終不曾會晤。我在那時的手面是相當濶綽的，雖無豪情勝概，跌蕩於聲色犬馬之間，而遇公益捐款，一揮便是幾千萬元，手筆之大，儼如巨富。其實這些錢都是臨時張羅的。外面好看，骨子裡除曾收藏幾件心愛的書畫外，珠寶房地，一無所有。在以往經驗中，我早體會政治最為現實，早晚市價不同。此時我在人事上既絕不存幻想，在物質上更屬無可留戀，故能在勝利爆仗響過後倏然隱去，而不致身輕腳重，拖泥帶水。

安頓妻女決心逃亡

於此，我須鄭重指出的，即一九四五年八月十五日（農曆乙酉七月初八日）日本宣佈接受無條件投降的那一天，上海市民固然欣喜欲狂，漢奸們亦不例外。他們以同樣的心情，興奮地接受此一勝利之果。並不以個人的悲慘命運即將降臨，而願見國家長淪於萬劫不復之域。上海的漢奸是如此，相信全國的漢奸亦屬如此。其時，我已決心逃亡，戴起眼鏡，蓄著鬍子，作為初步準備。日本人亦曾為我有所計劃。其實他們本身命運，尚且不知如何，捨己芸人，不是他們此時能做的事，我一律加以婉拒。關於家庭方面，我把內人及一女孩移居於梵王渡路的舊里巷裡，又把其餘子女分寄於至親好友處，一律改姓為吳，隱蔽了我和他們的關係。其間馬小姐雖早設計截留我的兒女，以期曲達其對我監視的目的，所幸我都能警覺地未致落入圈套。據聞事後她曾因此受到「中統」的處分，禁閉了三個月，這是我很抱歉的一樁事。至此，我所須解決的總算是解決了，剩下來的只有我所經手的事件，必待結束，才能出亡。而在結束期中我從何處覓得安全之所，則確為一傷腦筋的難題。

我在望天打卦中，先向曹家度安老院的比利時籍修女作一試探。她於太平洋戰事發生後被拘於集中營是由我保釋出來的，以後該院的經常費亦多由我出面代為捐募。此時急難相投，我想扮成一個老人借她院中鬼混一月，在情理上她應不會拒絕我的。那知大謬不然，她一見我面後，那份慌張的神情比我還要嚴重，忙問我是從前門進來的還是從後門進來的，躭心我的行被人窺破使她有所牽累。我的請求當然得不到她的同意，她所能盡力的只是為我代做一臺彌撒，祈禱天主保佑。

圓瑛大師慨予收留

經過這一次擋駕後，我又想到徐家匯天主堂內主理圖書館的徐宗澤（潤農）神父。他是一位富有國學根柢的人，又是一枝健筆，寫得一手飲冰室式的文體。彼此聲應氣求，已越卅年之久。淪陷期中，我於教堂亦曾稍效微勞。以我猜測，他即置道義於不論，而以一男子漢的氣魄，當不致如媽媽們的膽小如鼠。何況圖書館的編製整理等項又都是我所能勝利的工作，借他簷下，暫避一時，諒能行其方便。不意一經面洽，他的態度較之比國媽媽猶有不如。因為比國媽媽所欠缺的只為人世間的那份義氣，而他則連為我向天主祈禱的那份愛心也吝而不予了。

無已，我只能轉向慈悲為本的方外人，望門投止，以求隱匿。我於某一傍晚閃進了大西路圓瑛法師所住的精舍，不待開口，大師已乍驚乍喜地牽著我的手，牢牢不放，一面說道：「我正想著你，你倒來啦！」我當告以連日經過情形，大師說：「莫慌莫慌，你暫時就住此處。私事辦了，遠走為佳。杭州是佛地，我可為你介紹寺院。你是窮書生，我亦可為你籌措旅費。總之一句話，先把心定下來，方寸間千萬亂不得。」我到此時，才像在漆室中發現一線光明。也在此時，才體會出佛門廣大，其救人是毫無保留的。話貴說實，我不能因身為基督徒而抹煞親歷的事實。

潛抵杭州棲身無處

無奈大師的精不同於一般寺院，忽然多了一個俗家人，容易使人啟疑。而大西路距離市區較遠，亦使我於結束未了事件上感到不便。因此，待我和有關方面聯繫成熟後，便由大師處移住於虹口的日本友人家裡。其地為極司菲爾路底一個小弄，僅有四幢房子，住的全是日本人。我借住最末一家的三層樓，晝伏夜眠，多天來都幸平安無事。不意一夜突來了中國憲兵，挨戶搜查，把三家的男婦老幼，攆出戶外。叫囂隳突，全弄騷然。我們這家，憲兵尚未入內，已是風聲鶴唳，膽戰心驚。尤其是我這一逋逃之人，更感此生完蛋，迫於俄頃。正在神魂飛蕩之際，弄內呼喝聲腳步聲漸向來路而去，似已風平浪靜。我們才敢啟門探視，則見三家大小已全被憲兵帶走，單剩下我們這家未被搜捕。邀天之幸，雖能化險為夷，而驚弓之鳥，之後轉覺草木皆兵，惶然不可終日。

如此過了一個月，經手事件，逐漸辦妥，我始於中秋節後一日離開上海。因未敢在馬路上多所漏臉，故於圓瑛法師等處均未通知。手裡拎一包裹，衫褲以外，藏有金錶金項鍊及小金塊若干兩，沿滬杭鐵路線徒步向杭州出亡。一路上我專揀窮鄉僻壤的農家，打尖投宿，幸虧沒有碰到熟人。我的鬍子經過月餘的蓄養，亦頗使面格略略改觀，有所掩飾。走了三天，我才到達杭州而與襟兄常書林相晤於預約地點，相對愀然，無話可說。

其時各地肅奸，風聲極緊，窩藏漢奸者亦處重罪。我恐書林受累，不肯住在他家。一般旅店，則軍警查緝綦嚴，我無任何證明文件，經不起他們盤詰，故亦視為畏途，不敢駐足。因此一到杭州，我立刻成為「馬路天使」。所到茶坊酒肆，魚龍混襍，為防窺破行藏，僅能停留片晌，大半時間，都在街頭蹓躂。書林放心不下，排日追隨，此真無妄之災，使我大不過意。入晚以後，他又因我棲身無處，總是僱艇遊湖，伴我消磨長夜。一舸涼月，照來盡是牢愁。四野秋容，看去都成冷面。而在體倦寒侵之際，猶須顧慮艇家生疑，撐起眼皮，裝成硬漢，指點遠山近水，扯談地北天南。直待曙色熹微，方才捨命登岸。一宵過了，明日如何？則仍依樣葫蘆，回復其浮踪浪跡。如此活罪，足足地熬了三天。

安身立命與佛有緣

第四日午後，書林陪我去玉佛寺觀魚，藉消永晝，以免老在街躡蹀。我們先看佛像，繼看聯匾旛幢，然後去池邊看魚。這原是一個鐘頭可了的事，卻熬到日色漸移，還是徘徊不去。和尚以為我倆遊久神疲，邀往靜室小休。事雖突兀，實中下懷。當即向他展問法號，才知是本寺方丈時常法師，四十許人，一團和氣。我倆便在他引導下，轉入靜室，圍桌團坐，旋見小沙彌端上茶來。他先和書林攀談一過，知我是從上海來的，轉問我到此何幹？

我說：「戰前我在杭州做茶葉買賣，設有小店。現在時局太平了，特來看看，準備復業。」和尚似不置信，指我不像生意人。我不禁暗暗吃驚，反詰在他眼裡，我屬何等角色。

和尚說：「你莫見怪，看你的行動舉止，大概是汪政府的大員吧。」一聞此言，我如五雷轟頂，急忙分辯，聲明生平從未做官。繼念在出家人前不應說謊，我隨將真名實姓，信口吐出。這可把書林急嚇了，驀地在桌底下向我踢上一腳。

不意陳彬龢三字，卻也把這位法師震驚起來。他趕快站起，向我合十說道：「失敬，失敬，你是我們佛教會的副會長哩！這些年來，你對佛教的幫忙是太大了。」講到此處，他又似恍然大悟地說道：「是的，是的，你是來避難的，難怪你要託名茶商。時光不早，我們要談的話正多，我先去準備晚飯，好讓你們邊談邊吃。」說畢，他便告退，向香積廚而去。書林以人心難測，僧俗都是一般，乘間責我不應說出真姓名。我說：「出家人是不會害人的；只要真心信賴他，決不妨事。」

稍待，法師領著小沙彌端上一桌素齋來，伊蒲清供，香味俱勝。席間我將各項經過覼縷以告，法師憮然說道：「草席蒲團，儘夠安身立命。我佛有靈，既把你指引而來，自今夕起，請你住在這裡好了。」飯罷，書林別去。我由法師領往臥房，納頭便睡。說來可笑，俗語所說的「日

圖三餐，夜圖一盹。」平常聽了，不覺什麼，到了此時，才知真切。

叨我佛之光、托天主之庇！

我於吃住問暫告解決後，心鎖稍開，情緒略好，正擬就逃亡計劃作進一步的檢討，不意百密一疏，沒有想到這一寺院為當時浙江省政府主席黃紹竑常來之地。休沐出遊，倏來倏往，使我無從防備。佛門清淨，時常法師亦擔不起偌大風險。當又由他安排，為我於江干、清波門、城隍山等處小廟內，代賃一房作為隱匿之所。每一地方，我最多躭留一星期，便徙他處，使人無從捉摸，蓋亦狡兔三窟之意。

流亡期中改名換姓

臨別前，法師和我說：「隱姓埋名，是逋逃客必備的條件。陳彬龢三字此後是千萬不能再用的了。我給你取個化名，就叫做吳智德吧。」因此以後我在流亡期中，口頭筆頭都改用化名，直到抵達香港，才以原姓名出而面世。

這些小廟中香火不盛，求神拜佛的多屬老嫗一流，看廟的亦只有一名香伙。除了三頓飯由香伙代炊外，其餘掃灑房間，洗濯衣服，以及其他瑣屑事件都得自己動手。在此之前，我穿的還是長衫。到此以後，我開始改穿僮豎般的短褐。結習移人，總不免自慚形穢。諸般勞動，我都能應付過去，獨有倒馬桶一事最覺不堪，私念以讀書人而滌蕩糞便實為可恥。其實這種思想根本不應存在，穿長衫和穿短褐有何分別？揑筆管和倒馬桶又有什麼不同？只因從此一環境驟變為另一環境，那一份妄自尊大的劣根性猶在腦子作祟，一時不易改變而已。

惟是此一時期，此一地區，其最使我悵觸萬分的即為住在城隍山小廟中的那幾天。因為這個山頭和我有一段深切的淵源，我今日能夠識字讀書，懂得鐘鼎文，寫得石鼓篆，全是由這山中得來的修養。一九一七年前，我在上海倉聖明智大學小學部任教，倉大監督則為喻長霖先生。他是翰林公，掛著道學家的嘴臉，對我卻相當賞識。一九一七年後，他應浙江省長齊耀珊之聘，充任浙江省通志館提調。承他好意，把我調為隨身書記。該館所在地即為城隍山頂的常州會館。其中總纂沈曾植先生，編纂朱祖謀先生、王國維先生等十幾人皆為國學大家，又各有其專門的造詣，雖不常川駐館，而我與他們接觸的機會則多。這班老先生對於後輩，都有一份循循善誘的熱忱，教人做學問要從根柢著手，以小學訓詁為識字通經之階梯，以鐘籀鼎篆為文字源流之辯證。這些說教，都是我從前未曾聽過的。如夢初覺，才知應世文章之外，尚另有真工夫在，因此埋首書林，於故紙中略嘗一臠。尤其是那位沈曾植先生，一見我面，便要問長問短，所看何書？所臨何帖？我一一具告後，他還指定某章節要我當面背誦一番，考驗我究竟是真的讀書還是虛應故事。

其時城隍山頂已裝有電燈，山腳到山頂則尚無路燈設備。我住在通志館內，而喻先生則為便於閱讀四庫全書之故，長住於西湖上的省立圖書館。由城隍山到西湖，足有六華里的路程。我每天上午八點鐘下山到圖書館，陪伴著他，給他磨墨、送信、拉聯紙；下午遊湖時，我又給他搖櫓、划槳子；直到晚間九句鐘上床安息後，給他放好蚊帳；一天工作，始告完畢。我才能一手提盞燈籠，一手握枝短棍，踏上六華里的歸程，回到城隍山去。燈籠所以照明，而短則為防禦沿途惡犬。好在我年富力強，勞碌終日，並不為苦，到了屋子後立刻挑燈夜讀，做我自己的功課，直待深夜，倦眼朦朧，方肯登床就寢。

馬保長惠予證明書

喻先生的管束是極端嚴格的，即使受到誣枉，在那一年代中，禮法為重，亦不便置喙申辯。我記得其時杭州人力車有這麼一個習慣，在馬路行進中，前後兩車距離雖遠，後面的一輛總是拔步飛奔緊釘上前面的一輛，其用意在左轉右轉時可讓前車吆喝行人，自己跟在後面，省卻一番唇舌。一次，我在雇車送書時，前面正著著一輛坐有女人的車子，待我登車後，車伕便以全力對準前車趕去。這幕情形，恰被喻先生的朋友看在眼裡，立刻轉報。及我回去，喻先生已是盛怒以待，一見我面，厲聲訶責，指我沾染市井惡習，沿街獵色，太不自愛。在震駭中，我初猶懵然不知其故，嗣經細想，才悟到剛才車伕的那件事。我只能低頭聽訓，默無一語。他雖有所誤會，而導人以正，存心總是好的。以故後來送書取物，即使分量不輕，我寧肩負以行，不敢再雇車子。

這般往事，原早成塵，不意此時枯寂之中，逐一向心頭反映。緬念前修，都成白費，只有付之一歎了。

此後我因所賃小廟，一週一換，都已住過。私計東移西徙，形跡反易若人起疑。證件難求，又不敢貿然就道。去住兩難，徬徨益亟。當又承時常法師介紹，移住於馬保長家。地在靈隱過去，已非市區。人為法師好友，緩急可恃。較之棲身小廟，自屬安穩得多。至於所需證件，無可強求，只能自加譬解，得過且過。

我記得搬進馬家的那天，瞥見其照壁上所懸楹聯，落的是馬敘倫的下款，因得知他們原屬一家。我當告知馬保長，敘倫先生原是我的老友。經此一說，氣氛倍見融和。待住過幾天後，我又常聽他說，要到史家墳上去。經詢以那一史家？他說是史量才的墓園，一向由他管理。當又告以我亦是追隨史先生的人，生前交誼，不同泛泛。由此馬保長越發關切，轉詢我何以滯跡此間。我只好半真半假地告以第二孩子，戰時投軍，今已復員，尚無消息，此行將遍歷東南各省，查訪其踪蹤何在。無奈所帶身分證明文件，均經遺失，補領為難，以致欲行不得。馬保長說：「是這樣麼？我可以辦。」隨將保長有權出具臨時證明書的條例見告。事出意外，喜在心頭。雖其效力不大，未能視為護符，而水陸稽徵，終不失為路引。走遠一步，總勝一步。當鄭重地拜託一番，說不盡的千謝萬謝。馬保長謙挹未遑，猶以小事不足掛齒，而不知個中關係之巨也。從此日起，我即託書林辦置衣履成藥等等，半屬自用，半備沿途送人。準備登程，預定徽州為我逃亡的第二站。

其時重陽已過，秋色加深。湖頭託跡，算來已閱多時，人海藏身，未必便無片土。約在九月中旬前後，馬保長早將證件交到，我便跳上烏篷，直溯錢塘江的上源而去。

蘇州人變為徽州人

秋水長天，落霞孤鶩，沿江景物，恰寫出我的孤單寂寞，前路茫茫。私計必須找尋機會，結交朋友，得到意想以外的助力，一路上才能減少麻煩。在我同艙對榻的那位先生，看去是一位生意人，年齡約在五十開外，問訊之下，知為陳姓，徽州人，在滬經營洋廣雜貨，此行是為回鄉度歲。五百年前，原屬一家，奈因我改姓為吳，未便攀宗認姓。他轉問我去徽州何幹，我當將以前和馬保長所說的話，複述一遍。陳君為之欷歔感歎，極表同情。在幾度交談後，彼此很是投機，我便探問他在徽州請領身分證是否有法可想？他說：「你是個無根無腳的人，談何容易。由我去辦，卻不甚難。放著我的倒子是現任的徽州城內區長，只須我一句話，他決無辦不到之理。我們雖屬初交，好在一見如故，到了徽州，你就住在我家，一切交我去辦好了，不必客氣。」

這些話在他說來，不過順風人情。而客路相逢，肝膽與期，在我則感激不盡。恭敬不如從命，因此我到徽州，便在陳宅下榻。他的侄子也是熱心人，經他囑咐後，除將我的身分證辦妥外，並給了我一本蓋滿區長鈐記的空白路引，以後要到何處，儘可由我自行填註。如此盛情，如此週到，覺得我所送給他們的成藥和日用品真是微不足道了。從此我的心理上較為寬慰，因為這張身分證的作用比之馬保長所出的臨時證明書，更足以資掩護；而路引可以隨意填寫，尤能使我到處通行；徐非冤家路窄，驀地相逢，應不致被人識破行藏。惟因身分證是在徽州請領，籍貫必須填作徽州，以故我除化名為吳智德外，此後又由蘇州人而變為徽州人了。

餐風宿露蕪湖在望

約經一星期後，我與陳君叔侄告別，而以蕪湖為目的地，一聲珍重，後會無期，相對不禁愴然。路經黃山附近時，我以此後歲月不易消磨，到東到西，都是一樣。黃山在我心坎中，蓄遊已久，此時雖交冬令，高不勝寒，已非遊山季節，但既有此機緣，怎能過門不入，於是我便向山中而去。那知有此閒身，卻苦無此閒情，所謂「天都」、「蓮花」等三十六峯，以及「奇松」、「雲海」、「禪院」、「叢林」等，我都如走馬看花般一瞥即過，毫無深刻印象，如果眼前要我寫篇遊記，我將無從著筆。其間最覺痛快的，僅為空山靜寂之中，僧侶以外，闃無他人，我可自由自在地過幾天無須顧慮的生活而已。

下山後，我由太平縣折而東北行，轉向寧國、宣城一路直趨蕪湖。所經各地，我總是僱人力車代運行李，兼作嚮導，有廟住廟，無廟住店。在廟宇中，我屢發現不少俗家人，頗以為怪。嗣經探訪，才知此輩和我「同道」，為內地的小漢奸，同以佛門為逋逃藪，因此我於以後住廟，倍懷戒心。旅店之內，則旦暮間巡邏者不下三四批，隨時都有危險。所幸我的相貌為厚重一流，逢人帶著三分笑臉，又裝扮得和販夫估客一樣。這些巡邏的向我瞄上幾眼，似皆認為鄉曲，往往不加盤詰，掉頭而去。我不意臉相發揮如此妙用，這倒是始料未及的。

行行重行行，將抵距離蕪湖四十華里的灣沚地方，我見道旁坐有一雙母女，相持而泣。經詢明原委，知道她倆是從西南徒步而來，復員回鄉，路費早經用光，肚餓體憊，幾天都未進食。眼見蕪湖老家在望，猶恐不能生還，故不覺悲從中來，自傷命苦。我說：「我也是去蕪湖的，吃用小事，由我擔負，你們就跟我走吧。」言次，我將所帶乾糧，先給她倆充饑，又把人力車上行李歸束一下，騰出地位，讓母女倆坐著走。

西班牙神父的熱忱

及抵灣沚，則見街頭巷屋亂哄哄的全是游兵散勇和地痞流氓。時近黃昏，我先把她倆安頓在小客店，再去街頭蹓躂，探明當地情況。我路過一座天主堂時，見一神父在園地栽花。我便站在近旁，直看下去。神父見我不走，倒和我搭訕起來。最後他問我是否教友，我似靈機一動，冒認「是的。」

他說：「既然如此，你可以住到堂裡來，外面亂得緊。」

我將信將疑地問：「教堂裡是可以住得的麼？」

他說：「大碼頭的教堂不可以，內地的教堂是可以讓教友寄住的。」我心中暗喜，私計這是一條最安全的道路，如能走通，以後那些尷尬的寺院旅店就可不必去住了。當告以尚有同伴兩人，已經落店，今夜不來攪擾，但求介紹蕪湖天主堂，讓我明晚得一安靜住處。他說：「這有何難。」隨將我帶入堂中，為我寫上一封介紹信，直稱教友吳智德云云。寫畢又說：「你到蕪湖，就直接找神父去。」此時我是高興極了，謹慎地把信揣在懷裡，道謝而歸。此一關鍵，對我極為重大。離杭以前，我叨佛教之光；此後流亡，則全虧天主之庇；否則我當年能否逃出樊籠還是一個問題哩！這位神父為西班牙人，說得一口中國話，又寫得一手中國字，可惜我把他的姓名全忘記了。以後我所遇到的神父主教，其姓名亦多失憶，這是我至今猶覺耿耿於懷的。

於此，我須聲明一件事，即我自離開上海以來，一路上撒了不少的謊，此後我在必要時還得撒謊欺人，這確是虧心的事。

流離中途偏遇劫匪

次日侵晨，我和那雙母女同去蕪湖。前前後後，同路的有四十餘人。走未多遠，忽聞一聲唿哨出自林間，隨見一夥強人，持械躍出，攔截去路，為首的叱喝我們排成長隊，以待搜刮。我們人數雖眾，卻都手無寸鐵，怎能抵禦，只得乖乖地排列長龍，靜待處置。我想強人亦須顧到本身安全。此是去蕪湖孔道，行人絡繹，他們必先考慮行劫時間，不能太久，以防失機誤事。由此辯證，因而預斷他們在行劫上只能粗梳，不能密篦。此外我還有一種計較，排在前面不如排在後面。因排在前面，正值他們大發利市之際，首當其衝，決不會輕易放過；排在後面，則在他們飽掠之後，或因急於遠颺，稍稍放鬆，亦未可知。因此我一手握好一大疊的鈔票，一手握好一個壞手錶，和那一雙母女，挨挨擠擠，站在長龍陣的尾梢。等到他們行近身前，不待打話，我自動地將手裡的東西奉獻過去。他們似已心滿意足，沒有搜括我的行李。一切如所預料，我得保全不少。至於母女兩人，原屬身無長物。他們眼睛夠亮，「呸」了一聲，就相率退到林子裡去了。

這是我生平第一次遇到強人，也算增長了一番見識。不久，我們到了蕪湖，母女倆向我申謝，自覓故居，我則直去天主堂拜訪神父。他是意大利人，也說得中國話，很不錯的招待著我。住滿一星期後，我要去蚌埠，他為我出信介紹蚌埠的天主堂。我便離蕪過江，先到和縣，次到滁縣，然後作蚌埠之行。

行抵蚌埠一住三月

蚌埠天主堂為安徽主教駐在地，地位較高。這位主教，我記得也是西班牙人。我住在那裡的時候，適逢山東主教田耕莘由羅馬教廷擢陞為樞機主教（即紅衣主教）。這是天主教在遠東的極大盛事，教友們興高彩烈，正在發動獻金，以供田樞機去羅馬受職之用。我立刻捐了二百萬元。這數目雖不夠大，但在當地教友中，我已是捐款最多之一人。其時田樞機已去中國總主教所在地的北京堂，組織樞機主教公署。又擬建築上智圖書館，把北京各堂所藏圖書集中起來，號召教友捐獻經費。我又一次認捐五十萬元，並每月認捐二十萬元，因此種種，田樞機寄給我一封長信，滿紙都是嘉獎的話。

這事張揚開來，蚌埠的教友對我無不刮目相看，就中劉教長對我尤稱莫逆。他是經營運輸生意的人，資產頗厚。但他所用方法都屬老式，又不甚通文墨。遇到棘手的事，他總是找我動腦筋、出主意。同時他的往來信札也交我代辦，見我所寫的東西，簡單明瞭，既不嚕嗦，又不艱澀，更是大大樂意。因此他硬想把我留下來，給他做個副手。那知我有苦說不出，即使他把運輸行全讓給我，我亦無法承受。

這一九四五年的冬天，我就在蚌埠度過。新舊年關中，看到人家放爆竹、貼桃符，好不悽遑難受。但念我今日雖無家室之歡，仍有友朋之樂。比之獄中難友，我已僥倖得多。離滬之時，我曾與家人約定，以後通訊，各用瘦詞寫成簡句，寄送《申報》、《新聞報》小廣告欄內刊登。行之多次，消息無阻，居行都告無恙，大以為慰。值此歲尾年頭，還有什麼放心不下之事？用是妄念俱平，轉似天空地濶。唯以在蚌已歷三月，不能久住下去。因準備北行，而於開春後又向徐州進發。

流亡徐州半年的尷尬情況

一九四六年春間，我由蚌埠到了徐州。兩地雖非同隸一個省區，而距離不遠，行旅絡繹。所有我在蚌埠響應天主教的號召，和田耕莘樞機主教來函嘉獎的經過，在當時此一地區的天主教中似已不脛而走，以故我一抵徐州，可以不需蚌埠天主堂的介紹，便能逕赴當地天主堂以求託跡。該堂主持人為加拿大籍的邵主教，說得一口中國話，一見我面如見亡羊歸棧般熱烈歡迎。我以前在上海時，常出入於徐家匯天主教堂，訪侯馬相伯老先生，耳濡目染，於教義儀式，頗有所諳。此番我在蚌埠教堂住足三個月，親身體驗，印證益深，故抵徐州後對於天主教徒的生活方式，亦更能適應環境，與已受洗的教徒並無差異。

寄跡學府權充文書

我於離開上海時，心中絕無主見，預定何處為我歸宿之所。在杭州流亡期中，我於百無聊賴時曾就城隍山的星相家預卜吉凶。那位星相家向我瞥上幾眼，許我東西南北，都可去得，一路會有貴人照顧，儘可大膽無憂。我離杭時，既有意直往蕪湖，大可取道公路，經由廣德、宣城一線逕赴該地。乃溯江而南，先到徽州，然後去蕪；再由蕪渡江，深入皖北，捨近就遠，曲折迂迴，足見方寸之間，茫無主宰，星相家之所預言，固未能袪除我的疑慮。私計此後四五年間，我不易得到安身之所，唯有不斷的輾轉流亡，寄託於船唇車腹之間，待肅奸全案，經過時間沖洗，逐漸冷卻，我才能於窮鄉僻壤間，伏身隱跡，以謀終老。我此時來徐，用意所在，即為由此直往北方，遠離華中江南一帶。如將來條件許可，我還擬利用流亡歲月，東出山海關，西出娘子關，涉足窮荒，竄身漠北，如徐霞客之遍歷天下。

無如其時內戰形勢已漸形成，徐州以北的津浦線，幾全陷於癱瘓狀態，共黨游擊隊聲東擊西，神出鬼沒，把這條鐵路剪成幾截。東西修復，西面又告警了，忽斷忽續，惡性循環，直如瘧疾般迄無暢通之時。

徐州天主堂，規模頗大，設有男女中學各一所。校長羅慕華先生，河北人，出身於北京師範大學，但非教友，為一純粹的教育家。淪陷期間，這些學校當然在偽政權下註冊。勝利後南京教育部通令重新登記。我到徐時，該校正待辦理此一工作，公牘往返，表格填註，其事頗繁。郡主教和羅校長知我是讀書人，因浼我擔任其事。我以此番流亡，多託天主之庇，雖在蚌埠曾有捐獻，決不足以報答神的榮寵，故亦樂於接受，純盡義務，不取報酬，藉以填補心頭缺陷。好在我從前做過上海浦東中學書記，關於教育法令，公文程式，還有點影子。此時年齡雖增，眼力腕力，卻未衰退，蠅頭小楷，寫來猶是筆劃清楚，行列整齊，自信尚非濫竽充數。故在接事之後，不待多時，郡主教和羅校長便加信任，索性將文書部門，委我獨負其責。

顧頡剛來令我心驚

由於津浦北路通車，遙遙無期，而我猶耐著性子等下去；又由於我接受這份任務，非短期所能完成，而我在道義上則決不容半途中輟；以故我原意只以徐州為我北行的墊腳石的，卻不料為事實所限，一瞥眼竟住上半年之久。

在這半年中，我碰到一些尷尬的局面，聽到一些可笑的事情，又看到一些興亡的朕兆。其中經過，有些具有連續性，有些則可觸類旁通，我將一口氣地和盤托出，在空間和時間上都須越出我眼前所說的徐州階段。

第一件使我感到異常尷尬的，即為顧頡剛先生忽於其時來到徐州，在這兩個中學內演講。他為史學專家，和我是小同鄉，又是我的老友。在其演講之際，作為一個職員的我，理當隨同主教校長，出席旁聽，以表敬意。無如做賊心虛，我絕無膽量在他面前露臉。我雖深知其為君子人，決不會出首告密。但如他在人前喊出一聲「彬龢先生」，已使我行藏畢露，無地自容。因此我只能左右支吾，諸般推託，辭絕參加，郡主教等均以為怪。而不知我內心窘逼，正是有口難說。大陸易手後，一天，我在香港馬路上走過，忽有人從後面把我抓住，我旋身返顧時，這人笑容可掬地喊道：「吳先生！幸會，幸會。您也到香港來了。」我定眼細視，認出其人便是羅校長，亦不禁噗哧一笑，忙著向他分辯：「我不姓吳，我是陳彬龢呀！」羅校長才恍然大悟，越發縱聲大笑。當年我逃席於顧頡剛先生的演講，至此他才得到解釋。羅先生現任此間真光中學教務長，如見此文，當又掩口葫蘆笑。

警察局長白晝見鬼

其時徐州警察局長，名慕笠，惜忘其姓。他的大名，使人一望而知其心坎中所最景慕的唯有戴笠（雨農）將軍一人。他和「軍統」的關係也就從他大名上隱隱透露。我記得一天侵早，他帶著滿臉驚慌之色，跑來看邵主教，我適在座。他劈口便向主教說：

「我給您帶來一個最壞的消息：我們的戴先生由青島飛南京，不幸飛機失事，已是機毀人亡了。」

我不知邵主教和戴先生生前是否具有交誼，聞此噩耗，其內心的傷感如何。我和戴先生則向無認識，漠不相干。目前他主辦肅奸全案，對我不啻一尅星。他的死亡，我雖不存幸災樂禍的心理，但亦絕無惋惜之意，這是常情，不必自諱。而為敷衍這位局長起見，我卻還裝成一副「貓哭老鼠」的神情，以防露有破綻。詎他接口又說：

「這場大禍就發生在陳彬龢的身上，這傢伙真是害人不淺。據我所接到的情報，陳彬龢在青島被美國海軍陸戰隊弋獲了。戴先生特為此事趕到青島的，不料回京途中卻出了這場大禍。」

我初聽他提到我的名字，心頭一懍。旋即自我克制，面不改色地洗耳恭聽，及他談到我被弋獲云云，匿笑之餘，我還幫著他罵上幾聲：「陳彬龢該死！該死！」其實該死的不是我陳彬龢，像他這樣的特務頭腦，白晝見鬼，滿口胡言，對於一個嚴緝中的漢奸，在他轄境，匿跡多時，毫無覺察，猶復引為朋儔，晤言一室，滑天下之大稽，這才是該死呀！該死。

我在徐州躭留既久，於相熟的教友家時有往還。我發覺當地住戶，其臨街大門，總是敞開；進到屋內，其房門亦從不掩閉；認為是一件不可理解的事。當探詢教友，此是何故？教友說：「不瞞您說，本地的駐軍份子複雜，是隨時會穿家闖戶的。即使這是閨房，他要光顧，也得讓他直闖進去。遇到他中意的東西，說聲『借光』，隨手帶走，已算是承認你這個主人，給你天大面子。如果把門關上了；或他來時而你伺應不周，把門開遲一步；準保你門兒被踢得稀爛，所以索性將大門房門，全給它敞著，儘量做到『軍民打成一片』的地步，免得受罪。」

我又見到徐州市面上張貼著軍事當局的告示，嚴禁軍眷乘坐軍用車輛，白紙墨字，蓋上殷紅的關防，好不醒目。但我亦即在告示底下，看到不少吉普車飛馳而過，上面坐的多是油頭粉面裝束時髦的大姑娘。黃塵滾滾中交織著一片燕語鶯聲和粗口惡舌。我自分有罪之身，對於時事，不配批評。但總覺得這光景太不像樣，勝利之果，能保幾時，真是一謎。

郝鵬舉軍左搖右擺

在一個有月亮的晚上，我房內住進一位姓劉名志誠的教友。此君賦性爽直，胸無城府，見我是上了年紀的人，更是視為長者，無所不談。我和他在月下操場上散步時，脫口便說他是黃埔軍校第八期的。此次路過徐州，是奉郝軍長（鵬舉）之命前往南京，專找民主人士如黃炎培、沈鈞儒、張君勱等這批人進行聯繫。事因郝軍長投共後所部已分成兩派：一派主張和中共合作到底；一派則主張與國民黨重續前緣。但恐國民黨猶挾前嫌，因擬先與民主人士發生關係。劉君坦白相告後，問我對於此事的看法如何？我說：「我和政治是一向隔閡的。偌大問題，和我研究，等於問道於盲。不過根據我看報的經驗，民主人士好像無意搞軍隊的，你此行恐是白走。」

劉君奉命在身，自不能依我所說遽罷此行。次日一早，仍向南京而去。果不其然，幾天後他垂頭喪氣地回來了。他說：「你所料的，果然不錯，他們確是不搞軍隊的。」旋問我此後郝部以取什麼態度為是。我說：「這是大計，我局外人無奉告。惟據常情說，當初郝部不應投共；既已投共，就不應再應。好比一個女人，嫁了丈夫，就應抱著白頭偕老的決心。如使中途變志，偷偷摸摸，另找對象，結果總不易討好的。依我之見，你不如勸阻郝軍長，千萬動不得，否則一被中共發覺，恐全軍都要瓦解了。」

劉君去後，未及一週，忽又來徐，據說郝軍長對於所部已苦無法掌握，特囑他再度來徐，邀我同往軍部，以便當面承教。按之我與劉君的交誼，經時雖淺，而連次深談，已夠得上肝膽相照。若以私事相浼，我亦可捨己芸人。無奈此關係軍事秘密，以我此時身分，何能妄參末議，因此矢口謝絕，劉亦別去。

潛居港島瑟縮木屋

這便是我在流亡期中與中共外圍部隊於無意間發生膚淺的和唯一的接觸。可是一般報紙，則不時為我大造其謠，除登我在青島被補一類壞消息外，又說我去了大連和佳木斯，大演其說，參加了中共組織。他們往往把我視為袁殊、邵式軍第一流，以為他們去得，陳彬龢自亦去得。而不知各有各的因緣，各有各的布置，我雖從未視共產黨為「匪」為「寇」，但我亦從未和共產黨打過交道，天下事那能一概而論。何況共產黨處置漢奸比之國民黨還要嚴厲，我不是他們的人，我能貿然跑到他們的「解放區」去麼？

為了證實謠言畢竟是謠言起見，我在這裡要將後事先提一下。我於一九四七年年底到了香港，瑟縮於木屋區中，從事於翻譯的研究。除為公教進行編製《教友手冊》及為方言會看《舊約》譯稿，為了生活不得不和教會發生接觸外，其他友好，絕不知香港有我這人。一年之中，我出門的次數，真是屈指可計。直到一九四九年廣州易手，我才公開露面。我第一個打給老友的電話和第一個見到的老友，就是當時的星島日報社長林靄民先生。

我和靄民相識於抗戰以前，相知頗深。在電話中他要我立刻渡海，等在皇后碼頭，他會派車來接。我想他於抗戰時離港去閩服官，丟下許多私人事務託我照料，中經太平洋戰事，天崩地坼，人去樓空，我對他從未有所交代，他之急於見我是可以理解的。不意見面後他的第一句話卻是：

「毛先生周先生的身體可好？」

我給他怔住了。我想我到港已經兩年，以前在內地，我從未到過「解放區」，我怎知道毛周兩人的體健是好是壞。我老老實實的將一切經過告訴他，他搖搖頭，絕不相信，以為我故意賣關子，涎著臉兒又說：

「老友嘛，何苦還要矇我呢。」

是真是假毋須再辯

以後我又遇到不少朋友，他們和靄民一般，都以同類的話題要我作答。我矢口否認去過「解放區」，他們也指摘我不夠朋友，不講真話。他們並提出報紙上都早登得滿天星斗了，那有假的？如此偏信，使我百喙莫辯。

話說回來，如使我模稜其詞，不承認，亦不否認，倒是我的發財機會。我記得淪陷期中上海復興銀行經理孫曜東其時也跑到香港來。他拿著當時中共上海市副市長潘漢年的一封信，作為真憑實據，邀人入夥，合營國際貿易，將物資運往內地。他跑到金城銀行看過周作民先生後，便來看我。他說：「我已和作老談過，上海方面我都已摸得差不多了。中共中央方面，你比我知道得更詳細，我已請作老約你去談。」我看他的作風還和從前一樣，不好當面說他什麼。到第二天，我便請吳蘊齋先生陪我同去麥當奴道看周作老。我對作老說：「我是有罪之身，但從未到過解放區。如果有人在您跟前牽扯到我，千萬不可信。」作老說：「我知道啦！我知道啦！」話雖如此，孫曜東這次香港之行，倒不是空入寶山。我如隨波逐流，也不致阮囊羞澀了。

如今，周作老已作古人，林靄民先生卻是越老越健，每年總得跑上一趟北京。當時我和他所說的話，是真是假，現在該早證實了吧。因此，我常抱有一種見解，即假話並非絕不可說，如為幫忙第三者而向對方說上幾句無關得失的假話，以資成全，這是可以說得的。又如事關本身安危而說假話，人們也能予以諒解。除此之外，任何場合，千萬不要撒謊。

樞機主教發給通函

說到此處，離題是太遠了。我得趕緊撇開，拉回徐州階段。其時津浦北段通車，經過半年，尚無消息。我知華北之行，已成絕望。私計東道主人，待我甚厚。我與教友，相處亦洽。與其傍生，不如傍熟，何妨再作躭留，以免蹙蹙靡騁。卻不意徐州各界發起籌備淮海大學，邵主教過份見信，竟委我為天主教的代表，出席參加。此項任務，以我身分，拒受兩難，三十六著，只有走的一著。當去函北平樞機主教公署的丁秘書（丁維汾先生秘書），婉陳我因尋覓從軍的第二個兒子，來徐半年，迄無下落，茲擬遍訪各地，以圖骨肉團敘，懇由公署發給證明文件，俾資便利。此函去後，未及一週，丁秘書的回信來了，內附樞機主教公署通函一紙，文曰：

羅馬教廷派駐中國樞機主教公署通函

案據徐州天主教堂邵主教呈稱教友吳智德，品學兼優，熱心公益，茲為遍赴各省尋覓其從軍之子嗣，懇予發給文件俾利通行等情。據此，經由本署加以審核後，所呈各節，確屬實情，相應發給文件，俾資證明，至希沿途軍警，查驗放行，予以便利，實紉公誼。

此致

各地軍警長官

樞機主教田耕莘 （印）

中華民國三十五年七月二十八日

我接獲這份公文後，一半狂喜，一半驚奇。狂喜的是因這份通函，比之杭州馬保長的臨時證明書和徽州陳區長代辦的身分證都更有力，足為護符。驚奇的是因樞機主教公署所給文件，其氣派竟和官廳一般，出我意外，不知從誰賦予這份權力。

為防邵主教堅留固挽，我便在兩天內留函出走，等於不辭而別。環境如斯，不得不爾。這份歉意，至今猶未釋懷。此後即以淮河流域，為我迴旋之地，歷時頗久。

轉彎抹角捨近就遠的旅程

我因津浦鐵路北段通車已成絕望，由徐州折回蚌埠。為防惹人啟疑，凡經住過的地方，重來決不再住，因此我到蚌埠後並未去過原住的天主堂，逕赴郊外，向鄉村陌生的天主堂借宿。想到此後動向，我以北行既難如願以償；回南則與蘇浙接近，相識者多，只須碰到一個熟人，已足使我行藏畢露，更屬危險。因此，決定向西北進發，先以淮河流域為我迴旋之地。

淮河流域民智閉塞

淮河發源於河南桐柏山，賈、魯、惠、濟、汝、穎各水都是它的支流，經皖蘇兩省分注於運河與大海。在正陽關以下，小輪可以暢行。其上游則河床淺狹，僅通舴艋。我以扁舟容與，水鄉漫遊，緩行好消永晝，船大不如心寬，因於蚌埠附近某處，搭載小船，溯流而上。此一流域，我是第一次涉跡其間，人地生疏，情形阻閡。今經多年，印象漫漶，許多小地名都已不復在憶了。

我由杭州去安徽時，所乘舟子，寬敞整潔，坐臥隨心。水光山色，映照左右，足為眼皮供養。這次卻是另番光景了。船身既小，泥淖滿艙，船家男女七八口，加上搭客七八人，臥須蠖屈，坐亦摩肩。其四圍景物，俯瞰則一線濁流，遠眺則荒巒起伏，仰視則漠漠黃雲，不知天盡何處，觸目所經，大為沮索。其唯一使我愜心之點，即在此跼天蹐地之中，不會使人疑心藏有逋客，其安全性較為可靠。

淮河流域裡的民生疾苦，從船家的衣不蔽體，食難半飽，已可看得明白。比之江南的荒村僻壤，其生活窮困，恐猶有所不如。而因民智閉塞，溺於迷信，其所發生的不可思議舉動，則恐江南小兒聞之，亦將笑甩大牙，一時合不攏口。這船家的主婦，其時正患嚴重的瘧疾，惡冷惡熱，相間而作，嘴臉病成黃蠟般，全無血色。我把所帶的金雞納霜，送她吞服。藥才下咽，她的丈夫已是使著勁兒，提起短篙子把她沒頭沒臉地痛毆毒打。那婦人既不迴避，也不阻格，只是輾轉地連滾帶喊。搭客全不在意，反抿著嘴兒暗笑。我透著萬分驚奇，上前勸阻，卻被搭客截阻，似嫌我過於多事，我更透著茫然不解。直待那漢子停住手兒，他們才講給我一篇大道理。原來他們一致公認藥物僅能治病，不能驅鬼，而瘧病則正因有瘧鬼纏身致，專靠吃藥，只能治標，必須痛痛快快的揍上幾頓，使瘧鬼吃足苦頭，不敢再纏，方為治本。所以他們袖手不勸，也不讓人去勸。這真是我活了半百年紀才聽到的奇聞，但在可笑中卻覺得這責任是應由我們負的。幾十年來，我們不是天天嚷著普及教育的麼？可是做的全是表面工夫，何曾有人深入農村，切實苦幹。以致這些可笑而又可憐的怪念頭，在這原子時代，還是根深蒂固地潛伏在他們的腦子裡，一遇他們認為適應的場合，便幹出這些不可思議的舉動。

長淮千里，我僅經歷其上游一段，已使我半月多的光陰消磨過去。行抵距駐馬店不遠的某處，我才捨舟登陸，僕僕風塵，於迂迴曲折中，橫貫豫南，到達皖豫邊區的界首。

流落界首軍人行乞

抗戰期間，這個界首地方，為華中淪陷區與自由區交通的第一站，與浙江的場口同屬於應運而興的新市鎮，車馬喧闐，商旅絡繹，成為畸形發展，我在上海時，早就聽人說過。今日親身到此，繁榮已不如前，人頭卻仍擁擠，叫囂隳突，秩序紊亂不堪，恰與我在灣沚所見一樣，滿街幾全是散勇游兵，有的瘸腿，有的斷臂，有的卻是精壯的青年。他們說話多半山東口音，蓬首垢面，披著破爛軍衣，沿途行乞。我在僻靜處看到他們中單身走過的，便搭訕著和他道長說短。據告他們都是編餘的官兵，領到的解散費，數額不多，加以幣值隨時貶落，更不經用，遠道而來，早已囊空如洗，故無法不淪為伸手大將軍。另有一位，則把他的前情後節對我統講出來。他說：「我是七七事變時被拉去當兵的，經過許多陣仗，也帶過幾次花，從國內一直打到緬甸。勝利後卻被編遣了，從貴陽一路來，要回山東泰縣，路費早光，有腳難走，所以待在此地。」我問：「要多少錢，才能上路？」他說：「由這裡去泰縣，買到火車票便可動身了。」旋將所需款項報出一個數目來，約合眼前港幣十五元左右。我雖在流亡中，腰纏有限，自問尚能擔負得起，當邀其同到下處，如額贈送，俾好早日還鄉，一家團聚。前前後後，如是我共送走了六個人。我所不解的，勝利已越週年，當局對於這批殘廢的和編餘的軍人，何以至今尚無安頓辦法，一任其流離道路。退一步說，如使當時發給的編遣費，稍稍從寬，適應其復員還鄉的實際需要，此際界首市面亦應不致演出這般活劇。如此念頭，盤旋不釋，在我自顧不暇之際，兀自關心世局，可說是杞人憂天，亦可說是庸人自擾。

和蔣先生確是無緣

不久，我去洛陽。舊地重臨，撫今感昔，大有城郭猶是人民已非之慨。以往《春秋》雜誌刊有李晉先生的《民國政壇見聞錄》長篇，在〈與馮玉祥打交道〉一節裡，李先生曾說同去洛場的有王正廷、凌冰諸先生，其實這一行中還有我陳彬龢在內。李先生又說此任務，為受蔣先生之委託，以友誼立場，促請馮玉祥氏履行前約，會師北伐，完成國民革命。其實真正目的，是要把馮氏穩住，俾在寧漢分裂中，不致一面倒去。當時馮氏招待我們的那幢房子，正中是大廳，兩面是廂房。馮氏請我們住在右廂房，而左廂房則早由孔祥熙、徐謙兩先生住下。談到交談，這些人都是老朋友了。李、王兩位和孔先生關係之切，固不待言；即以我與徐謙而言，以前在北京同辦中華大學，以後三一八風潮發生，在八十多位教授和文化人的通緝令中，我倆名字又被連在一塊，總算一時志同道合、共過患難的人。可是在這個場合裡，由於政治立場不同，尹邢避面，壁壘分明，把友誼都拋開了，這真是一件可怕的事。現在死的死了，老的老了，獨我這一流亡之身，猶以懷古訪舊的心情，憑弔其間，真覺石火電光，爭此一瞬，營營擾擾，所為何來？

由此我又聯想到我和蔣先生的過節來。李晉先生在上面所提的那一節中，並談到我們由上海去洛陽時曾在南京小駐，蔣先生於丁家花園招待云云。我為其中仄，自在招待之列，可是我卻早和朋友玩去，把這個可以見到蔣先生的機會，於漫不經意中讓它漏走。九一八事變後，史量才先生邀我到《申報》幫忙，備蒙隆遇，除將薪水特別提高外，並一再關照，生活費如感不敷，儘可直告，當另補助。我體會史先生的用意，是為保持言論公正，報導忠實，所以不惜重金；並以暗示方式，預阻我接受任何津貼與外快。其時我住上海地豐里，一夜，中宣部科長崔唯吾先生登門見訪，取出一大疊鈔票要我接受，詞句間又隱約透露中央借重之意，我虛與委蛇，不敢拜領。剿匪期間，蔣先生常駐武漢。一日，我接錢新之先生自漢口來電，約我西上，詞句間與以前崔科長所透露的彷彿相同。我卻反應李宗仁先生之邀，跑到香港辦報。這些都是我可以和蔣先生接近的機會，我都在漫不經意中讓它漏去。如此說來，可見我和蔣先生確是無緣，馴至一面之緣，始終也未曾有過。

閒話表過再歸正題

有人說我一味反蔣，這反字把我捧得太高了，我怎夠資格反人。我祇在旁觀的地位，對他加以批評，而以其所製訂和執行的政策為出發點，絕無片言隻字，施以人身攻擊。西安事變發生時，香港報紙所表示的態度不夠明朗，惟有我所辦的港報大聲疾呼，應以全力營救蔣先生脫險。這是事實，不難覆按。於此可見我的反蔣不是盲目的，也不是一味的。今天我說出這番話來，並非對於漏去的機會有何惋惜；亦非對於我以往所抱的態度有何追悔；更非自我宣揚，把舊事重提一番，使我的身價有所增重；只在說明我的反蔣完全站在公的立場，反其我所認為應反之反，而非由於私人意氣，不問青紅皂白，一例都反。

閒話表過，再歸正題。我從洛陽又由瀧海路去了陝西寶鷄縣，又由寶鷄去了蘭州。西北窮荒，經過八年抗戰，越發支離破碎，大姑娘裸著下體並非全是謠言，老百姓的痛苦遠比淮河流域為重。這一年的農曆年關，我似在蘭州度過。竄身益遠，驅迫刀途，嘉時令節，不僅無動於中，反覺是個不敢面對的日子。

次年，我待冰雪溶解，春意漸濃，才由蘭州回到華中區，我去時是乘火車，回來則取道公路僻徑。騾車、長途汽車和「一輪明月車」是我交替搭載的交通工具。兵不厭詐，我此時所處環境，就和行軍一般，隨時隨地，應懷戒心，對事對人，不妨施詐，因此我在回程中，寧願轉彎抹角，捨近就遠。一路之上，多有躭留，行行止止，費時甚久，直至秋初我才抵達漢口。

看《大公報》令我驚心

從武昌旋循粵漢鐵路前往長沙，坐的是三等車，對座客人正捧著一張《大公報》在看。我瞥見報紙上面載有法院檢察處對我提出公訴書的全文，洋洋灑灑，滿版皆是，標題左右還登有我的照片。當時我雖驚心，尚能鎮靜，並不因有照片而起恐慌。事實上我離滬前已作化裝準備，戴起眼鏡，蓄有髫子，和原形已不盡同。加以近兩年的東奔西竄，飽經雨雪風霜，裝束既屬全非，面貌更多走樣，即使親友相逢，登時亦難認出，何況向不相識，怎能辨我伊誰。以故我毫不膽怯，待他看好，反把報紙借了過來，看看這篇鴻文裡講些什麼話。那知不看則已，一看倒把我震驚起來。不知是他們估計得太高呢還是有意砌詞故入人罪，竟把我寫成幕後搖著鵝毛扇的狗頭軍師，指我不僅可以左右汪政權，還可以影響日本當局的決策。如此重犯，儻被逮捕，我想他們既能憑虛估計而寫成公訴書，他們亦能虛憑估計而確定我的罪狀，不辯固死，辯亦是死耳！

其實我這個漢奸，並未在汪政權下擔任任何職務，更未在日方策劃下參加任何危害國家的工作。反之，如我當時籌募款項救濟戰區災民；向日方爭取戶口配給米；跑憲兵隊營救愛國份子；掩護重慶來人俾能達成任務；自信國家民族觀念，尚未完全喪失。至我和敵偽相互聯繫，利用報紙宣揚日軍勝利，固屬罪愆，但亦為處境上所不可避免的事，否則我壓根兒不是漢奸而為漢忠了。這些聲辯，不是說我做了漢奸還是好人，開場白中我早自承為不自愛的腳色，開門見山，絕無諱飾。我只說明那篇起訴書純為臆測之詞，全無事實根據。

過後，我又看到《大公報》刊有一篇社論，標題為「陳彬龢該死」五個大字。我逐字讀過後反覺飄飄然，於心無愧。這因它的論點是依據起訴書而發揮的，起訴書既然失實，社論亦徒費筆墨了論未免有點「那個」了。這因人與人之間，必須有了真實的了解才能加以批評。若僅看到一面之詞，似未便遽下斷語，何況這一面之詞尚未提供實證的呢。因此我常說知人論世，不是一樁容易的事。

這回我就談到這裡為止了。自我離開徐州起以迄於抵達長沙，歷地則經過安徽河南陝西甘肅湖北湖南等省，歷時則恰近十二個月。所住地方除因錯過宿頭借住農家外，各地天主堂都是我的居停。越向內地跑，便越覺天主教勢力之大。它管好教民的精神生活，還管到人事上的糾紛。關於家庭齟齬、夫妻勃谿、債務轇轕，地主和佃農的爭執，往往不經法律解決而由教堂公斷。至於公斷是否盡能合情合理則為另一事。好在一經公斷，便成定局，縱有偏差，亦不會有人翻案，可見天主教不惟深入民間，且已建立威信矣。即因此故，北京樞機主教發給我的那份公函，沿途遂得以大行其道。教堂照顧我，那是不必說了。即遇軍警盤查，我把公函遞去後，他們看到天主教三個字，又看到和豆腐乾大小的那顆硃紅圖章，便忙不迭的交還給我。那裡面究竟寫些什麼，他們從未仔細看過，似認為天主教的文件，一定相信得過，不必自找麻煩。由是我體驗到天主經內「爾國臨格，爾旨承行於地」的經文，在此一地區中，似已趨於現實化。基督洪錫，我確是及身受之了。

最後一段行程：廣州到香港

我於長沙住了相當期間後，首途南下，走的全是小路，沿途復有停留，以致經由韶關而抵廣州時，先後費去兩個多月。如前所說，我離開上海後，原已準備在國內流浪三五年，待肅奸案子冷卻後再作打算。從未起意逃出國境，以一窮書生而為不自量力之舉。即以香港言，跨出國門，只爭一步，已能使我脫出樊籠，其事並不太難。何況曩日我曾旅居港島近十年，當地交遊，向即廣泛，到港後亦不致無人照顧。但如進一步想，戰後情形，必有變化，當時老友，未必留存。加以戰後香港所急需的決非似我這樣的文化人；而我忠上漢奸這個惡名，即使遇有機緣，一時亦未便公開漏臉。如去香港，倘遇緩急，我將呼籲無門，倍感困厄。所以我從無此念，寧留國土，順其自然，於蝨處蝟縮中，過其流亡生活。

三次抵穗悽悽惶惶

不意即在長沙旅次，見到上海《申報》小廣告欄內登有我家屬的啟事，略謂全家大小均已分批離滬抵港，現住九龍太子道某號云云。我於漢懷寬慰之餘，才將瞻前顧後的念頭，悉予拋棄，抱定決心，潛往香港，俾與家人團聚一處。我於人情世故，頗能諳練，懂得人們對於迫切期待的事，如知其絕無實現可能，也就死心塌地，斷了念頭，不去想它。但如知其確能實現，又知其實現之期並不過遠，則在那一階段裡，勢必日夕懸盼，寢饋難安，精神上的負擔極為沉重。設身處地，我殊不願家人再增煩憂，我更不知最後「昭關」能否闖過，所以我在回覆他們的小廣告中，只說我已欣悉他們抵港，並不提起我亦來港之意。

我和廣州頗有一段淵源。舊地重遊，這回已是第三次了。第一次是在一九三二年間，我應李德鄰（宗仁）先生之邀，由上海經過廣州前往南寧，屬於秘密性質。所乘飛機連駕駛員兩名在內僅有張伯璇（定璠）先生和我四個人。其時伯璇先生早辭上海特別市長之職，而我亦已脫離了上海《申報》館。抗戰期中，伯璇先生以軍政部次長因公出國，病故開羅。他是一位律己甚嚴的軍人，大可惋惜。我初抵廣州，以過路人走馬看花，所留印象極為膚淺。

第二次是在一九三四年間，我應李德鄰、陳伯南（濟棠）兩先生之邀到達廣州。其時廣東廣西兩省聯合反抗南京，處於獨立狀態。我以客卿地位，聊備諮詢，談不到參預機密。惟他倆始終以禮相待，雖在失敗後，伯南先生猶挈我同往香港，由此後我便住了下來，直待太平洋戰事發生，方才回滬。這十年中的生活所需，亦全賴伯南先生長期照顧，這份友誼是極可寶貴的。

而今是第三次來廣州了。珠江橋下的水依然在流，白雲山上的白雲依然瀰漫，經過八年抗戰的人民依然挺身屹立，一切似乎都沒有變。惟我這昔時的座上客，隨時可轉為階下囚，悽悽惶惶，望門投止，這一變化是太大了。

赴港有伴心花怒放

廣州石室天主堂為我在國內流亡期中的最後居停。此一區域的建築物多屬古色古香，居民以天主教徒佔大多數，宗教氣氛極為濃厚，我置身其中，感覺如在上海徐家匯區一樣。該堂巍主教為法國人，高齡已達八十餘歲，鬚眉皆白，道貌岸然。他和我同桌進膳，隔室而居，生活起居，備承關護。我自到達廣州第一天起，預計與家人重聚的機會更為接近，心境自較開朗。但行百里者半九十，如不慎密行藏，則三年流徒，徒為自苦。必須提高警覺，俾竟全功。故我自始自終的十四天內，從未離開堂門半步。此時我已穿上黑色長袍，配合我的黑鬚黑眼鏡，裝束得和神父一般。許多教友都誤會地稱呼我為吳神父，我支吾以應，既不承認，亦不否認。總之，我是竭盡全力使我的言語行動，不致漏出任何破綻。

為了早日逃離國境起見，我又不得不編造謊話了。約住過一禮拜後，我以試探口吻向巍主教問道：

「我的家屬都已到了香港，此去只是幾個小時的行程，我很希望能與他們見面。但我生平從未出過國門，即連香港地方，明知其居民幾全為中國人，而我看來，它畢竟是英國人的屬地，對我顯屬陌生。因此我想去而不敢去；但如不去，此心又苦捺按不下；左右躊躇，不知如何是好！」

巍主教說：「這個不難，過兩天正好有兩個香港神父要來廣州。他們躭留數天後便須回去，你可隨同他們走，一路上不怕無人照顧了。」

這些話說得我心花怒放，卻又使我慚恧無地。自我蓄意逃亡之始，先承圓瑛法師予以同情；到杭州後，又承如常法師殷勤掩護；這是屬於佛教方面的。迄我行抵灣沚，於無意中和西班牙的神父相識起來，此後輾轉各方，屢更寒暑，天主堂便成為我的隱蔽地，自樞機主教以逮於神父亦幾全為我的保護人。其間所不同的僅為佛教的法師明知我為有罪之身，而天主教的主教神父則誤信我為萬里尋兒的教友。這些不必管它，佛教和天主教的恩惠，對我總是一樣的重大。惟我屢作謊言，褻瀆神聖，則為我無可補贖的憾事。

想起了陳援庵先生

我於清夜反省之際，猛可間想到陳援庵（垣）老先生的一句名言來。他是基督教徒，和我共同的信仰。他常意味深長地詔示我，「宗教是自己受用的。」這「自己受用」四字確屬扼要。一個教徒，不到某一境界，萬萬體會不出「受用」的真詮。此番自闖這場大禍，中經苦難，終幸託天之庇，化險為夷，這「受用」是夠大的了。我以為宗教之門，雖設常開。你是否願入其門；入門後是否願意登堂入室；或竟過門不入；或入門後掉首走出；這都是你的自由，無人可以拘束。但如你遇到困苦艱危，有懷莫訴；或覺心罪難逭，懺悔無門；或達相當年齡，心無所寄；則你自會不待驅使，如馴羊般投入它的懷抱。反之，信仰宗教是不能邀致世俗間的「福祉」的。在隱晦中它所能幫助你的只是使你的意志堅強起來，重新在光明的大道上一步一步地踏著前進。這在形跡上無可表現的就是援庵老先生所說的「自己受用」。所以我常抱有一種見解，宗教是不必宣傳的。學校中設立宗教這門功課，企圖把宗教信仰灌輸給氣血方剛的青少年，雖不是全無效用，其所做的工夫恐多屬於浪費。非待有了需要，不足以言信仰；非待確有信仰，不足以言受用。而青少年所需要的和受用的並不急急於精神上的生活，其間還有一大段的道路。揠苗助長，未必收效。又有人鑒於青少年犯罪比例不斷增高，飛仔飛女漢街都是，以為對於青少年的宗教修養，必須重視。用意良佳，但恐文不對題。因為這是教育問題和社會問題，再進一步還可說是政治問題，不應與宗教混為一事。

我又由援庵老先生的名言想到援庵先生的本身，及我幸獲機緣得以親承教澤的經過。這些原是題外之言，在我則以一吐為快。

陳老先生為廣東新會人。他原是學醫的，與孫中山先生為先後同學。早歲加入同盟會，曾和胡展堂、汪精衛先生辦過報紙，鼓吹革命。民國成立後，他被選為眾議院議員，屬於國民黨一派。梁燕孫（士詒）先生組閣時，發表黃炎培為教育部總長。黃未就職，他以次長代理部務，這是他和交通系的一段因緣。自此以後，他即脫離政海，致力於教育事業。

平民中學任教務長

他於群書無所不窺，博而能精。治史為其專門學問，而於元史則尤有其獨到之處，故其不僅為史學名家，且為元史的權威學者。他所發表的文字關於元史方面的，能發前人之所未發，識者視為瑰寶。馬相伯老先生至目為讀書種子；日本漢學家和法國漢學家亦爭相傳譯，無間中外，一致推尊。梁任公、胡適之先生所寫學術論文，脫稿後都先請他過目。他以細字眉批，指出某處不妥，某處尚待商榷；並註明應看何書，加以修正。以故梁、胡兩先生受益甚多，而他倆治學不苟亦於此可見。他於眉批後往往將原稿交我退回，故我得知其事。其後他以基督教徒出長天主教所辦的北京輔仁大學，即出於《大公報》創辦人英斂之先生的遺意與馬相伯老先生的主張。認為最佳人選，無出其右，不應拘牽於教會門戶之見，這點大可為今日宗教家所師法。

我去北京是在一九二四年，應公立女子中學之聘，擔任教席。校長陶玄女士，出身於北京女子高等師範學校。彼此原有通家之好，故陶校長與我極為親近，而談吐之間亦不免口不擇言。有次她說我是一個沒有學歷的人，其含意指我在中學任教已屬破格相待。說的原是事實，在我聽來則認為嚴重的譏刺。我便負氣地回覆她，一待學期終結，這碗飯我不願再吃下去了。此時我在禮拜天都到西四牌樓大街的教會裡去，聽滿洲籍的寶牧師講道。十有八九，我的隔壁總是坐著一位老先生。經過多次見面後，彼此攀談，才知道他是我聞名已久未易識荊的陳援庵老先生。他詢知我是中學教員，又知我已經提出辭職，便和我約定，下學期準到他在創辦中的平民中學去任教。屆期，平中開學了，他自為校長，委我為教務長，比我原任的職務還高一級。校址在翊教寺胡同，由於經費是由交通系一力支持，故其規模設備，莫說公立女中無法比擬，即後來的平民大學亦無此宏大。這些經過，陶校長全不知情。

亦寓北京旅館。聽戲時，我們三人一體，同去同返，習為故常。他聽到平中停辦的消息，便邀我到南開大學教書去。我自知學力不能勝任，但抵不住我那份好勝的心理，在驚喜疑懼中冒然應承下來。此中艱苦，我今天只能說出這麼一句話，即由中學教員跨進一步做大學教師是一件很吃力的事。反之，教學相長，我卻得了不少的益處。我最佩服伯苓先生的為其辦學的認真一貫，不避艱險，以身作則。在那些年代裡，京津一帶，變亂頻仍，伯苓先生總是帶領教職員駐校守夜，決不離去。我記得韓復榘的部隊於某次夜間打到天津，伯苓先生預早關照厨司，蒸好饅頭，煮好小米粥，讓他們「光顧」時飽餐一頓，然後和送瘟神般禮送而去，以免學校受到騷擾和破壞。

退隱生活以迄於今

話是說得豁邊了，如今歸到本題。過兩天後，香港的神父果然來了，巍主教為我鄭重介紹。到第十四天，他倆回去，我即隨同乘坐汽車直駛車站，轉入車廂。在這一過程中，無論縱的行進或橫的行進，以及坐在車卡內，我都是夾在他倆中間。在服裝上我和他倆同是穿的黑色道袍，只餘膚色不同外，全無分別，以故車站上的職員和憲兵警察全不在意。但我是心中有數的人，念及我最重要的轉捩點，即在此數小時之內；而像我這樣身分的人在最後關頭發生毛病以致闖不過去的並非事無先例，以故我在抵達深圳站以前，心頭震動，至為急激。及待車輛駛進羅湖英界，我才透出一口氣來，自對自的露出會心的微笑。

我家屬所賃的住處，是在距太子道鐵路橋不遠的地方。我到尖沙咀車站向兩位神父道謝道別後即雇車直達。剝啄數聲後，開得門來，家人見到是我，疑為從天而降，歡樂擁抱，無法形容，一時悲喜交集，笑中有淚。自維生平從未因與人爭執，涉訟公庭，即警察局亦未去過。所僅有的厥為在任上海浦東中學校長時，代表校方，到過一次法院。這回我想縱能保全，縲紲之災，將為我一生終局，百般巧避，恐終無所逃刑。乃竟突破難關，託身異域，則端仗我佛有靈與天主保佑。

此時已接近一九四七年的年關。飄泊三年，歷地九省，我在國內的逃亡生活才告結束。但我畢竟還是一個逃亡人，在任何觀點上，我都不應住在太子道的高尚住宅區，因此我和家屬撤退到木屋區去。其後環境雖有改變，而鑒往思來，我仍樂於退隱生活，以迄於今。

我和《申報》

這裡我所寫的，只是過去生活上的斷片。我雖不學無術，但多少還有點自知之明，以往的經過，全屬「何足道哉」，慚悚未遑，有何可寫？若仍灰吹法螺，自裝門面，那是勾臉抹鼻，徒增其醜。所以開場以前，我須鄭重聲明，寫的動機，與回憶錄絕無干連，僅為通過此一形式，說明《申報》在我服務期間的實況，和我所知道的《申報》主人史量才先生之為人而已。

如所週知，上海《申報》，在中國新聞事業史上佔有重要的地位；史量才先生對於國家民族雖無巨大貢獻，但誰也不能否認他是歷史性的人物。自來中國對於專業的記載，絕少有系統的著錄；私人傳記，或失誇張，或失歪曲，也很少有真正公平的史筆。現在我所寫的一鱗半爪，誠然遠遠不夠全面。但如有人想寫《申報》沿革或史先生的傳記，則此中資料，似尚不失片壤細流之助。閒話表過，言歸正文。

我和《申報》發生兩次關係：第一次從一九三一年春天起至一九三四年春天止；第二次從一

九四二年秋天起至一九四五年秋天止；先後共歷七年。前一階段的時局背景，為由醞釀為抗日戰而進於全面抗戰；後一階段的時局背景，則由日本軍閥挑動太平洋戰事以迄於日本接受無條件投降。

我和史量才先生向不認識，也沒有淵源。我踏進《申報》館的唯一線索為黃任之（炎培）先生。任老介紹我和史先生見面後，史先生竟然以三顧草廬的雅量，深加倚畀，這是我絕對意想不到的事。我自己知道生平的缺點太多，能夠吸引人的只是說話一項。在反復談論中，態度是誠懇的，語調是富於感情的，不會頑固地堅守已見，也不會披靡地放棄己見，這便是我在社會還能立足的伎倆。自一九二八年六月張作霖被日本炸斃於皇姑屯；十二月，張學良不理日本特使林權助的警告，毅然易幟；東北的危機自是越發增重。因此我於一九二九年開始研究日本問題。一九三〇年又去東北作三個月的實地考察，所有重要地點，包括遠至中蘇邊境的滿洲里在內，均曾雪泥鴻爪，留有遊踪。雖為走馬看花，說不上深刻的認識，但於日本人在東北的布置，遊目所經，比之純從書報得來的印象，究有所別。當時我和史先生多次談話中的課題多屬於此，指陳剖析，諒還動聽，也許他以為我是留心時務的人，因而再三堅約，加入《申報》，亦未可知。

不過我在接受史先生的好意時，雙方是有不成文的條件的。我提出兩點：

一、《申報》一如報齡，實在太老了，無論形式內容，和現代化的報紙差得太遠。我如參加，必須給我以革新的權力。

二、我參加後，所有我的建議和提供的文章，如認為合時宜的，必須採用，不得瞻徇拒絕。

史先生倒很坦然接受批評；並說革新在原則上是應該的，不過編輯部的人手還是原班人馬，他自接盤後，從未調動一人。而革新應從編輯部開始則為一定的，要點在此，困難亦在此。他問我能否為了事業，不要名義，毅然以「養媳婦」的身分，低頭服小，踏進編輯部再說。這就是他的條件。

照道理，「名不正則言不順」，倘無名義，即使為一高手，亦將縛手縛腳，無從施展。衡情度勢，這條件是不易辦到的；無如我卻有一個性格，難的事，願意頂，名義倒絕不在乎。又深信人總有理性的，如能真誠相見，牛角尖也會走出道路來。此外，我另體會到一點，即史先生的用意，是想通過我的努力，由滲進編輯部而掌握著編輯部，為他結束了這個尾大不掉之勢，使其權力貫徹於各個部門。於是我便斗膽地滿口應承了。

《申報》革新運動，即於一九三一年開始，先設總管理處，成員除史先生本人外，為總編輯張蘊和先生、中文秘書趙叔雍先生、英文秘書錢先生（名字忘了）、經理馬蔭良先生、黃任之先生和我六人，每星期集會一次，討論興革事項。任老和我同時進《申報》，亦無名義，但在此項集會中則為召集人和無形的主席。馬蔭良出身於同濟大學，學醫，因和史先生有戚誼關係，改就《申報》經理，亦為新進。其餘三位則皆在館有年。蘊老更以元老資格，翹楚其間，因他還是史先生接盤前的編輯。

《申報》原有的編輯部，人才濟濟。蘊和先生是舉人出身，博聞強記，經驗豐富，又忠於所事，即以報館為下榻之所，很少外出。其令弟叔通先生，也是編輯，脾氣卻很大，寫得一手好字。編輯部的最大缺點，就是過份保守，暮氣沈沈，好像一幢舊房子，窗戶緊閉，空氣不通，陽光不到。時代不斷翻新，編務仍循舊貫。每天社論，依然是陳冷血（曾任《申報》主筆）式的短評，不痛不癢，大年初一可用，大年夜亦可用，其他更不必談了。

我這「養媳婦」的任務偏重於編輯方面，跨進門檻，已屬不易，寫字枱更挨不到。所以辦公時間，我只能傍住蘊老的寫字枱，加把椅子，側身坐下，聽聽他的言論。有時和叔通及少數同事，寒暄周旋，作友誼上的接觸。總算謙以待人，和以悅眾，結果不壞，莫說蘊老那樣心地純厚的人，對我已施青眼，即脾氣大如叔通先生，對我亦蒙假以詞色。我看時機漸熟，才敢探聽口氣，可否讓我試寫社論，藉以代勞。張老先生倒也無可無不可的，我便依照典型，引經據典，寫成陳冷血式的短評。所以要抖書袋，引古語，目的在使他們明瞭我也讀過線裝書的，迎合脾胃，以堅其信。這第一步的工夫不算白費。過了些時，我又作第二步的推進，由空泛的內容改為實質的評論，就本埠當前的重要事件，加以發揮。再過些時，我又作第三步的推進，擴大範圍，批評時政。可是我在編輯部內，還是一個聽命的人，處於被動地位。張老先生如不要我寫，我還是不便動筆的。文體方面，仍用文言，字數雖無限制，亦仍如改良天足，放大不到那裡去。每次文成，先請張老先生過目，待他認可，才能付排。他對於文字是很謹嚴的，一字之微，如感不妥，亦不放過。但態度極好，必先徵我同意，才予刪改。

如此經過多月，我都能耐住性子，以期達成任務。乃至「九一八」事變爆發，由於時局陡形嚴重，才把我這「養媳婦」的身分予以改變。事隔三十餘年，我還牢牢記得那天下午總管理處臨時召集緊急會議的情形，黃任之先生鐵青著臉，滔滔不絕地痛罵國民黨，主張明天社論，應對南京當京嚴加責備；趙叔雍亦起而附和。張老先生默不發言；錢秘書照例是不作聲的，馬蔭良以專管業務，向少發言；史先生則以維持其「垂拱平章」的態度，不肯輕易開口。因此這次會議的上半截，成為黃趙兩人相互唱和的場面，所得的結論，明天社論，為表示《申報》對於事變的看法，關係重要，即照任老所提意見，先向政府開砲。此時，我可忍不住了，起而阻止，指出國難當前，應以表示一致對外為先，批評當局，儘有機會，明天卻不是適當的日子，否則人將誤會《申報》竟連「兄弟鬩墻，外禦其侮」都不懂，豈非笑話。史先生聽了，似有所悟，轉問張老先生意見如何。他要言不煩地只說了這麼一句：「我贊成彬龢的見解。」這才把任老的「高論」推翻，一言為定，社論照我的主張著筆。

散會後，我隨張蘊和先生回到他的房間裡，蘊老說：「這篇文章是短不來的，你去寫吧。」這是我進《申報》後，他自動叫我寫社論的第一次，也是《申報》發表長篇社論和用白話文寫社論的第一次。從此以後，蘊老便把寫社論的工作讓我擔承，而我這「養媳婦」也算是做出頭了。

在本文開場白中，我已自承為不學無術之人，所以有人說我的文章，多半出於代筆，這是事實，決不自諱。但我並不是由皮到骨，全由代筆一手包辦，文章的主張多是我抓的，文字的修正亦多是我增刪的，自信尚能如柳宗元筆下的樟人「尋引規矩繩墨」，「視棟宇之制，高深圓方短長之宜」，「家不居礱斲之器」焉。

我又認為社論不是代表執筆者個人的意思，而是代表多數人的共同語言。所以遇到了一個問題，必須徵取多人的意見，正面反面，面面顧到，然後寫為社論，才得其正，而不為感情所左右。又文字的使用，不必求工，但必簡明，所以我主張社論發排以前，最好能經多人過目，以期每字每句，使讀者容易讀懂，容易領悟。

由於我於社論的主觀如此，所以我以私人立場特約了好幾位代筆的朋友如陶行知、章乃器、楊幸之諸先生都是，史先生是不知道的。

陶行知先生為著名教育家，思想前進，品行高潔，關於教育方面論文，我常請他偏勞。章乃器先生其時在浙江實業銀行任襄理，工作重點偏於經濟研究，不管業務。關於經濟方面論文，我便請他執筆。後來他所發表的文章，時見於報紙刊物，質量均勝，而其寫作興趣，也許是由我那時引起。

關於政治性社論，以楊幸之先生寫得最多，楊先生始終為我牀頭捉刀人，未嘗露面。楊先生為湖南人，據說原為共產黨黨員，抗戰期間，在羅卓英部下任職，死於非命。

一九三一年冬，江蘇省政府在鎮江召開全省職業教育會議，我寫了一篇論文，表示響應。這類文章，原屬應景，無關得失。不料第二天竟不見報，當然是編輯部予以冷藏了。我大不高興，認為有意破壞我在進報館時所提的條件，即以此作為理由，向史先生提出辭職。

史先生邊笑邊說：「這倒新鮮，在我這裡做事的除了陳冷血先生因體衰告退外，第二個就輪到你了，同是姓陳，巧合之至！」

史先生又說：「你再想想，黃任之自認是創辦中國職業教育的老祖宗，你的文章裡是否提到他，捧過他。如果你沒有提過捧過而被扣發，才說得上是破壞條件，辭職還是有道理。但如提過捧過，那只能怪你入境不問禁忌，咎在自己，編輯部並沒和你為難。」

經他一說，我記起文章中確曾提到任之先生，此因中國職業教育，任之先生提倡最早，係屬事實，文中提及，亦屬應有之義。

史先生似知我的疑團猶未盡釋，續作進一步的說明。他說：「編輯部中，對於任之叔雍，不甚融洽。唯一原因，為編輯部還持傳統風格，相戒參加社交，而他倆則常在外活動，致被認為招搖，莫說文中提到，成為大忌，即使極好的外來稿子，要是他倆交來的，亦寧珠玉毀於櫝中，屏而不要。」

按任之先生為前清孝廉公，當地紳士，入民國後，曾任江蘇教育司司長，省議會議員，北洋政府梁士詒內閣、顏惠慶內閣任內，兩度任為教育總長未就。所有蘇浙大老以及軍閥齊燮元、孫傳芳等都是他的朋友，接觸面既極廣泛，活動力向來堅強，若說他假借《申報》名義才能有所推展，未免小覷了他。但如說他利用這塊招牌，使其因「學閥」而被國民黨通緝以前的社會地位，易於恢復，尚不失為情理上的推測，然與招搖則大有別矣。

後來我向蘊和先生解說，文中提到任之先生。只是說明國內職業教育的源流，於個人並無標榜之意。蘊和先生相當諒解，過日即將原文發排，未易一字，我的辭職當然也作罷論了。

繼此，我又於副刊方面，著手改進，作全面的革新。副刊在上海的混名叫「報屁股」，似為人所輕視，其實它的分量絕不在社論之下，讀報的人儘有不讀社論而專在「報屁股」上著眼的，就教育意義而言，關係極大。《申報》副刊的「自由談」，沿襲舊制，滿幅儘是遊戲文章。天地之大，似除風花雪月外，無一可談，陳舊尚為餘事，最要不得的如張資平所寫的三角戀愛連載小說，浪漫頹廢，尤足使讀者迷惘。因此我寧冒不韙，先將張資平的小說，予以「腰斬」，此時，黎烈文先生適從法國回到上海。他在法國專攻文學，與史先生又有世誼關係，由史先生提出由烈文接替周瘦鵑先生，論人論事，確屬佳選。我們所定方針，為借此篇幅，進行新文化運動，提高稿費，禮請前進作家撰述。由此，魯迅、茅盾諸先生皆曾為「自由談」寫稿，對於青年灌注了不少的新知識。

烈文主編「自由談」後，史先生在商言商，為節省開支，擬將周瘦鵑先生辭退，但我不同意。這因遊戲文字雖不合時宜，而在當年則有助於《申報》銷路的推展，在人情上不應得魚忘箋。重以新舊交替之間，老一輩猶迷戀於舊文學，俳體諧文，看來津津有味，為了銷路，亦應投其所好，攬住這些老讀者。因此商定另闢一欄，題名「春秋」，請瘦鵑先生主編，公私兼顧。

我們又增闢「讀者顧問」一欄，對於任何問頭均負解答義務，主其事者實為高語罕先生。語罕曾著《白話書信》一書，上海亞東圖書館出版，為青年所愛讀，連銷十餘版。此時他以托派分子被當局通緝，匿居上海，其與《申報》關係，知者僅有史先生與我兩人。讀者來信有時每天多至三四百封，所提問題，除關於醫藥、法律、科學專門性者外，統請語罕解答。送件取件，由高太太經手，以資縝密。語罕忠於信仰，在解答中總盡可能將托派理論剔除。因此語罕大不愉快。直到全面迄在相爭相諒中抗戰，他由港去武漢，參加抗戰，曾在武漢某刊物上，痛罵我一頓，亦一趣事。

我們對於來稿，不止於消極的採用或解答，還寓有培養「新血」的積極作用，今在北京的潘朗先生即屬此中的代表人物。他寄來一封超過萬字的長信，表示不滿現狀，才氣縱橫，熱忱洋溢，從紙面上已看出他不是尋常的青年。我馬上約他面談，果然對勁，便請他參加我私人文字工作。抗戰期間，他幫我在香港辦《港報》，走得是救國會的路線，實際是由他領導，這是後話。

九一八事變發生後，南京仍死抱老一套，無視國難，加緊一次又一次地剿共，名曰「剿匪」。在我的看法，一個有主義有組織的武力，決不是「匪」，亦不是「剿」所能消滅，故在當時的《申報》社論中，對中共從未用過「匪」的字樣。南京當然是不滿意的，中宣部瞿唯吾先生，中央通訊社蕭同茲先生，先後都來辦過交涉，我堅持所見，絕不為動。他倆也夠風度，心有所憾，卻不形於詞色。

不久，《申報》為指陳當前局勢，促進南京覺悟，發表以「剿匪」與「造匪」為題的社論，接連三天。其時不惟槍口對內不對外，政治亦極腐敗，人心思變已是必然的。思變的結果，以投「匪」作為出路，亦大有其人。謂為造「匪」，可說是一針見血之談，也就因此，《申報》招致了嚴重的壓迫。

第一步的壓迫為指名要我離開《申報》。史先生為釜底抽薪，同意照辦。但念革新後的《申報》，銷數激增，每日發行達十三萬份，我尚不無微勞，又不願意放走，正在兩難間，恰巧南京路的大陸商場建築完成，後門在九江路，繞過九江路便到漢口路《申報》館，史先生鑒於距離不遠，計上心來，為了使我仍能暗助編務，和報館作形跡上的脫離；又為配合《申報》六十週年（一九三二）紀念，準備興辦社會教育事業，乃在該商場租賃一層樓，劃出一部份作為我的辦事處。此後我便不到報館，互以電話書面聯絡。

《申報》所辦社會教育事業，有流通圖書館與補習學校，以店員、工友、婦女及失學青年為對象，圖書館歡迎借讀，且加指導；補習學校則收費極廉，清寒者免費；主其事者為李公樸先生。公樸原為國民黨北伐軍東路前敵編指揮部政治部宣傳處科長。政治部主任為陳群，陳群解職後，公樸去美國兜了一轉，此時適回上海，思想大變，因急於就事，乃由我介見史先生，畀以此職。其人有血心，富幹勁，是其特點。流通圖書館的工作發展得很快。我記得又辦了一個刊物，名叫《讀書生活》。編輯中有一位李先生，名字忘記了，他是留學日本，學化工的，後來知道他就是艾思奇先生，他不多大說話，待人和藹，對工作極負責的。

一九三二又辦《申報月刊》，《申報年鑑》，《中國新地圖》和《中國分省新地圖》。月刊編輯原定聘請胡愈之先生，愈之不就，轉薦俞頌華先生。年鑑編輯由頌華推薦張梓生先生。地圖為根據北平地質調查所勘測的藍本，由丁文江、翁文灝、曾世英諸專家編製，以色彩的濃淡顯露地形的起伏，向所未見，今尚為最佳之本。

由於《申報》範圍視前擴大，我這個地下工作者，任務益重，為防貽誤，所延助手竟至六位之多。接觸既繁，消息外漏，以故我雖退藏於密，終難逃過南京耳目，於是第二步的壓力又來了。

這一回可不輕鬆，南京採取封銷政策，《申報》除上海租界外，不問郵遞自運，概予截阻，《申報》的大門仍讓敞開，生命線卻被扼殺，史先生實在無法招架了，唯有屈伏，將我解職，其時是在一九三三年冬天，距我參加《申報》，恰近三年。以上所述，即為我與《申報》第一次的關係。

至於我對史先生的認識，因為時甚暫，根本不配談論他的為人。但三年之中，每日接觸，所得印象，究非泛泛。以下雖為一鱗半爪之談，真實性尚能保證。

史先生為秀才出身，辦過教育，做過小官，在我的意想中，應與張菊先生、夏粹芳先生（商務印書館創辦人），陸費伯鴻先生（中華書局創辦人）同型人物，書卷氣是夠濃郁的。可是第一次見到他時，卻很出我意外，他的帽子也斜戴的，敞袖翻領，煙捲兒掛在嘴邊，調調刁刁，「流腔」頗足，談吐不俗，卻不盡是讀書人的口吻。據說清末民初年間，辦報的人都得帶點特殊背景，至少也得帶點特殊氣味。否則報館是惹事生非之場，上海是魚龍混雜之地，外來阻力，將致無法應付。時至此時，風氣漸變，真正的大流氓都已袍兒掛兒，強盜扮做書生。可怪的史先生卻仍跅弛不羈，保持當年的「風格」。

就商業觀點言，《申報》是成功的，史先生的偌大財富，即從《申報》而來，是為明證。但就報紙的標格而論，則與報齡恰為正比，老而頑固，儘管時局變動，中經「五四」高潮，賺錢以外，仍然無動於中，膠柱鼓琴。九一八後雖啟革新之門，但其動機謂為時代的驅使，毋寧謂為同業的影響，因其時天津《大公報》的力量已開始南下，史先生為防銷路見奪，才感到閉關自守，不足以應付今後的局面。

然而由小腳放大腳，走路總是跨不開的。這幾年《申報》雖辦了幾樁新事業，付出相當代價，但盈利所得，仍是隨年增厚。史先生左盤右算，只肯從盈利項下撥出小部份，點點滴滴補苴罅漏，無膽大幹。我嘗向他進言，我們的報雖在革新，然距理想尚遠，至低限度，也得做到《大公報》的模樣。他似冒火了，繃著臉兒，一言不發。其內心是可以捉摸的，以為《申報》至不濟，也不會在《大公報》之下。我仍續言，自承是廖化作先鋒，身無片長，但決不是盲人瞎馬，瞀瞶不辨方向。第一流的報紙必須站在時代尖端，其次跟得上，最沒落的才靠老招牌維持，最後必歸淘汰。《申報》的革新，只在開步走的階段，如不加油努力，眼見不久的將來，《大公報》將由地方性的報紙躍為全國性的報紙，《申報》恰是倒過頭來，遠遠落後。這些話，說得直切，史先生頗能領悟，臉色轉佳，無如作用極微，只等於一陣風，風過了，一片空虛靜寂。

有時極少數外勤人員，不免乘瑕抵隙，在外敲訴，史先生知道了，輒說：「館外的事，與我無干。」我即指出，「無問館內館外，報館都有責任。」史先生艴然問故，我說：「敲竹槓由於吃不飽，吃不飽由於待遇薄，報館能置身事外麼？」史先生嘿然。副刊稿費，我是一力提高的，比過去加一二倍，魯迅、茅盾等的稿費更提高到二十元，用與不用，一律致酬。史先生看到一篇短稿，可易大米四五石，大不謂然，又礙於我的堅持，不便抑減，故當核定稿費單時，提起筆來，老是索索發抖。

話說回來，史先生接辦這張報紙，歷盡艱辛，從有思無，手面亦難怪其不大。反之，當年他能悉索賦，承盤遠景未必定圭的《申報》；又能務茲在茲，勤儉經營，將《申報》培養到一定的地位，就其本身而論，不能不說是機警的人和能幹的人了。

史先生的個性是驕傲而衝動的。他的年齡不大，無老可倚，卻常老氣橫秋，未老賣老。宋子文以「國舅」而居高位，交際場中，浮面上的禮貌總應敷衍，史先生偏不理這一套，老聲老氣，巡以「子文弟」相呼。至如張群（當時上海市長）顧維鈞（當時外交部長）一流，到他公館去，臨走送客，他只到小書房門口為止，玉步自珍，決不踰檻。其次應召去南京，和蔣介石見面，他昂然說道：「你手下有幾十萬大兵，我手下有幾十萬讀者，你我合作，沒有辦不通的事。」這全是「曹操煮酒論英雄」的口吻，秀才何物？誇大如此，蔣介石登時變色。

史先生遇害在一九三四年十一月十四日，談者已多，無待贅言，這裡所說的是其死因。

在一個效法西斯的政權下，史先生有了一家獨資的《申報》，又買進《新聞報》百分之九十以上的股權，手握兩大宣傳機構，而又不肯聽話，這便註定了他的命運。何況黃任之先生還想借他還魂，大打主意，因而東找路線，西拉關係，既將他抬上上海市地方協會會長的交椅，又將他捧登上海臨時參議會議長的寶座，此外還為他修棧道，搭上反內戰運動與抗日陣線。高踞爐火，益以烈風，自更促其速死了。

外間不察，以為史先生遇害，我亦有關，這未免太看重我了。三年之中，我僅助理報館的事，從不與聞館外的事，並力勸史先生全力辦好自己的報紙，少管外事。唯有黃任之先生倒是滿腹乾坤，南京赴召，他也是前席之客。我則於史先生遇害前一年，完全脫離《申報》，所謂「君處北海，寡人處南海，唯是風馬牛不相及也。」

走筆至此，不盡低徊，自問資歷學力，均不如人，史先生采及葑菲，謬加青眼，信任頗專，待遇復厚，知遇之感，生平所不能忘。又念戈公振先生，以新聞界突出人才，史先生卻視為書獃子，無意重用，我雖力請，迄難破其成見，致屈居閒位，編輯圖畫週刊，無從展其抱負。今雖事已成陳，人亦謝世，而回首前塵，仍是心頭無可彌縫的缺陷呢！

我和偽《申報》

一九四二年冬，我第二次踏進《申報》館。比起上次史先生始終未給名義，這回我卻頂上「社長」的頭銜。循名核實，在這頭銜上還須冠以「偽」字，才算表裡相符，事實如此。

為什麼我會幹「偽社長」呢？半為墮落，半為環境使然。事緣上次我在《申報》，對於南京國民政府的政策，曾迭為文加以抨擊，本意是對事而非對人。無奈南京是不分的，混而為一，誰反對他的政策，誰就是反對他。因此我雖被迫脫離《申報》，而這頂「反動帽子」，依然「簡在帝心」，永未摘去。一九四一年冬，日本軍閥掀起太平洋戰爭，我在香港，淪為難民，非走不可。照道理，我的去路，應以選擇自由區為是。但念國門雖大，對我卻是羅網，集中營決不會少我一席地。與其涉險入境，倒不如回到上海，等待戰爭結束。因除此之外，便沒有別的去處了。

上海雖亦為淪陷區，但為我的第二故鄉。大難歸鄉，人之常情，生活亦較易解決。我到上海後，雖非杜門，與任何方面卻少接觸，倒過了一時的悠閒生活。

當時上海的公共租界是由日本海陸軍分區管理的。麥家圈以東、黃浦以西的地區，屬於海軍，所有工商各業均受管制。《申報》與《新聞報》即在此一區域內，故其接取人選必須取決於海軍武官長的同意。

當覬覦《申報》的，有汪政權的「宣傳部長」林柏生、「上海市政府秘書長」趙叔雍、青年黨曾琦、國社黨諸青來等，均在鑽頭覓縫，各走門路。據說日本海軍方面對於這些份子是不表歡迎的。他們認為論事論人，唯有我以《申報》舊人，回到舊地，駕輕就熟，最合理想；尤其因為我沒有參加過任何政治組織，也沒有擔任過任何政治工作。在我個人方面，認為《申報》是史先生的遺產，與其落在人手，更不如由我接收，為老東家勉盡保管責任，亦是應分之事。這項義務，我可以說，未嘗活動過，但亦未嘗推托過。當時海軍武官長是近藤泰一郎，很懂禮數，親自送來聘書，殷殷致意。大約海軍多作國外訪問，習於禮貌，故其舉止談吐，有異於陸軍的粗獷。

上海自國軍撤退後，《申報》及其他各報，多能以民族大義為重，敵我界限釐然。及至租界被侵，失所憑藉，各報仍能在艱危中掙扎奮鬥，不願屈服。所以《申報》對於任何人前往接收，皆抱抵拒的態度；及後他們知道接收的不是別人，竟然為我，其反對的情緒，更屬激烈。這是可以理解的，因為我是馮婦呀！「再來不值一文錢」，何況在他們看來，我還是日本人的走狗呢！

然而反對是無效的，我終於走馬回到報館了。

我到《申報》館第一天，便和經理馬蔭良先生推誠談話。我說：「我此番回到報館，抱定兩個目標。一個是向史先生報恩，在這大動亂的局面下，為史家做看門狗，決不是來搶家檔。所有職員，原封不動，我只是單槍匹馬而來，連茶役也不帶進一個。一個是想做點社會福利事業，不能沒有名義，這『社長』的頭銜就是我對外活動的工具，對內不起作用。但有一點必須鄭重說明的，即以後本報言論，無法不和日本軍和調。這責任由我獨負，和你們截然無干。這些年來，《申報》立場，有目共睹，社會自能明瞭此中變化，由我而起，對你們亦不致誤會。」

蔭良為我老同事，史先生在世時他是不大說話的，和我接觸的機會極少，彼此缺乏了解。此時少東史詠賡兄雖在上海，而抓大權的實際為蔭良一人。我的說話，出於肺腑，蔭良似尚未能置信。

我從行動上實現我的諾言，事務工作，全由蔭良作主，事先不須和我磋商，事後也不須一定通知。會計主任單先生和庶務主任王先生，還是史先生手上用進來的，服務已歷二三十年。我將私章交給單先生，任憑使用。我從未看過一筆帳，亦從未踏進會計處一步。

編輯部是我必須過問的，但亦未更動一人。張蘊和先生和他的老弟已退休了，趙君豪、嚴服團諸先生因不願在日人間接控制下繼續服務，先後職辭，他們都遠走重慶，獻身於抗戰陣營。我隨時補充新人，公開延攬，絕不乘機落手，援引同好。

如此經過三個月，我的表現頗能搏得全館同人的諒解，相處之間，感情融洽。

不久，日方戰事節節失利，物資統制倍見嚴屬，《申報》和各報均採緊縮辦法，每天出報一張，連帶發生裁員問題。我和蔭良商定，誰去誰留，請他內定，出面解雇，由我獨任難人。蔭良旋將應裁名單交我辦理，我將他們分別約來談話，我說：「今天由我這偽社長裁撤你的職務，在意義上你應是最光榮的。遲早天總會亮，相信不過幾年，你仍能光榮地回到報館復職。所以這次裁員，實際是停薪留職的變相，希望大家體念時艱，特別原諒。」

所喜他們對我的話尚能接受；同時報館發給的遣散費亦能使他們滿意，實數已記不清了，大約每人所得，儘夠開設一爿小米店，省吃儉用，一家人的生活並不因裁員頓感困難。

這麼一來，走的人固不致憂傷失望，留的人口能切實了解我的心地。甚至和「中統」、「軍統」密相聯繫的七位職員，亦能刮目相視，彼此之間，心照不宣，和平共處。

關於編輯方針，不必諱言，我以盡量討好日本軍方為宗旨。所發勝利戰訊，大吹大擂，有時且用紅字大標題。誰都會罵我這偽社長做得太過火了，其實因當前環境，必須如此，日本人對我才會徹底信任，縱有不合，亦能原情略跡，以為心實無他，而後我才能於間中發表幾句良心話，以及放手於社會福利的活動。揭穿來的，捷報套紅，明眼人都知道是怎麼一回事，絕少置信，對於抗戰，實不足構成嚴重的危害。

下面寫的，就是我於間中發表良心話與從事社會福利活動的情形。如認為遮羞話，悉從尊意，好在不是閉門杜撰之言。

當時日本軍方在淪陷區的措施，大都使人民痛心疾首，汪政權絕少公然抗議，有時和日方硬碰的唯有《申報》一家。我又找到一位不滿當時現狀的日本人吉田東祜，為《申報》撰述專論，批評日方一些為害人民的措施。他用日文寫出，由報館譯成中文發表，日方看到文章是自己人寫的，眼開眼閉，並不干涉。

朱子家先生在所著《汪政權的開場與收場》第九五節中有云：「《申報》對汪政權的若干措施，也加以率直的攻擊與譏刺。當陳群出任江蘇省長時，因為任用了上海幫會人物謝葆生（即仙樂舞廳主人）等為警務高級人員，《申報》且詈之為流氓政治，這樣引起了汪政權的很大反感。」其實《申報》率直攻擊與譏刺的何止這一項，這裡也不煩多舉了。

談到社會活動，朱子家先生也是我的見證，在他的大著同節中又云：「一次，日本人發起捐獻飛機運動，上海的許多『名流』受到了邀請，許多資本家被內定為捐獻的對象。那天在虹口公園開民眾大會。清晨，彬龢匆匆趕來看我，他悄悄地對我說：『請你暗中分別通知別的朋友，不要去參加今天的大會，也不要捐獻飛機。我單獨去，以《申報》名義捐獻兩架。有事，我來擔當。』說完他匆匆走了。我望著他的背影，心裡開始有說不出的一種驚異的感想。」

「又一次，上海民食發生了恐慌，配給將告中斷……市政諮詢委員會開會籌謀對策，當場推定我與彬龢負責這一個問題……向日本方面索取。在蘇滬一帶日軍中具有勢力的人，是蘇州的特務機關長金子……我與彬龢去看他，說明來意後，希望於日本軍米中撥出若干千噸為難民食配給之需。金子考慮了一陣，他說：『米倒是有的，但必須有交換條件：（一）米價須以現款交易（那時中儲券現鈔極度缺乏）；（二）負責疏散上海部份工廠，遷往內地；（三）供給民伕兩萬人為日軍建築防禦工事。』還有兩個苛刻的條件，現在記不清了。我正預備與他辯論，而彬龢並不曾徵求我的同意，竟爽快地答應了……又迅速地簽了字……把筆送到了我手裡。……我於十分勉強中也只有照簽……我們告辭出來……我不及等待就埋怨彬龢說，如此條件，我們如何以以答應？……彬龢只是笑，拍拍我的肩頭說：『難道我們真會這樣做麼？一還價最少時間要拖長了，民食的供應，已到了迫不及待的階段，讓老百姓吃飽了再說，只要米能騙到手，一切責任由我負擔，你怕被日人殺頭？……』我聽了他的解釋，覺得他和日本人打交道，也自有他的一套，……以後……米運到了，而且也向全市配給了，而什麼條件也沒有履行……如此一直至和平而止。」

陳友仁先生自被日本人由香港送回上海後，成為政治俘虜。他是有名的鐵腕外交家，馳譽國際，日方特別重視。上面所提的吉田東祜，即為日方派定，專和友仁接觸的人。吉田原隸共產黨，此時任日本陸軍部梅機關的囑托，約四十多歲。所設「接觸」即為監視的變相，當時由港送回的政治俘虜，身邊均配有這樣的日本人，不時訪問，以覘其言論思想，不僅於友仁如此。好在吉田是不滿現狀的，和重慶地工吳紹澍等且有聯繫，故雖負監視任務，於友仁反表同情。我因常去陳宅，得與吉田晤談，了解他是甚麼樣人，乃拉他為《申報》撰寫專論。抗戰勝利前二年，友仁病故。他的祕書李微塵先生將友仁自回滬起以迄病故止，彙為長文，交我在《申報》發表。

翻閱，剔出何頁不全，何頁全闕，何處字跡漫漶，製為筆錄。然後派專人前往徐家滙天主堂圖書館商量借鈔。寒暑無間，經歷幾年，蔭良以其恒心毅力，鍥而不捨，卒底於成。經此一事，我於蔭良的實事求是，極致欽佩之忱。

我又自念，我既為做看家狗重入《申報》，應就四面八方著想，以防虞患，不能僅顧眼前，得過且過。當我接收的初期，日本軍方恃其「屢戰屢勝」之威，於「八紘一宇」的實現，深信不疑。然而誰能確斷英美勢力必不回頭，最後勝利，重慶政府決難分享呢？未雨綢繆，自應布置，為《申報》開闢一條後路，將來楚弓楚得，仍為史家的產業。因此我極力慫恿少東史詠賡兄潛往自由區，表示《申報》是在無可抵抗的暴力下被人劫持，《申報》主人絕未同意其事，以便他日勝利復員時，他能名正言順地光復故物。詠賡兄原亦有意，但以日本軍方不肯放走為慮。我說：「你儘管走，我會應付。」他聽了我的話，膽子頓壯，取道界首、南丘一路，轉向重慶報到。事後，日本軍方果然向我查問了，我說：「這位少東根本是不問事的，你要的只是《申報》，留他何益？缺他何損？」曰軍方反而無話好說。

一九四五年八月，日本接受無條件投降。我懂得政治行情，又兼身無長物，拾起包袱，悄然離滬。雖在危途，卻喜僅隔四年，時局又翻新了。回憶前塵，恍如一夢，對神聖的抗戰而言，似尚不無微勞可錄。那幾年間，我這偽社長的薪水，始終為偽幣五千元一月，此外絕無半文浮冒。後來中儲劵發行萬元一張的票面，我的月薪僅夠買幾件油條燒餅罷了。然而我為《申報》卻留下救重慶地下工作分子，一心一意擁護抗戰到底；通敵並不一定叛國。這說法我不敢妄加一語，看法則人人不同。拿汪精衛說吧，他所主張的全面和平，是否絕對荒謬，茲不置論。但如謂其甘心賣國，則亦言之過苛。然而他是終於無法自解的，他以跳火坑的抱負而來，卻從未見跳火坑的表現。「歎護林心事，付與東流」，「奈驚飆不管，催化青萍」，這〈落葉詞〉正自寫其悔恨。

其間確因別有懷抱而不惜靦顏自污者，在我認識的僅有兩人，一為張一鵬先生，一為李祖虞先生。他倆均為上海名律師，在社會上向有地位，經濟環境亦足自給。一鵬先生卻為營救重慶地工，接受偽司法部長的任命，自定以六個月期間，了此公案。乃心願既償，果如期去職，旋告病故（詳見金雄白著《汪政權的開場與收場》）。祖虞先生則以國土淪胥，生靈塗炭，國民黨一皆委棄，戚然心傷。迨見有人主張和平，因由救人一念，屈就司法部次長。雖為認識不清，終貽大累，究竟心跡是可以原諒的，操守是嚴正的，恰與一鵬先生媲美。也許還有別位，我不知道。然而在中國人的傳統觀念下，大德雖不揜於一眚，而自圭終屬有玷矣。

以是我的主觀，無論動機如何，工作如何，只要是在戰時與敵國合作或發生關係的，無論政治工作文化工作，經濟工作，這頂漢奸帽子就無法避免。下文所述，間有可以使我自寬之處，但決不願假借，既墮糞坑，薰香何益，我從不想沖淡了我這漢奸的影子。

我是於太平洋戰爭爆發、香港淪陷後的次年（一九四二）二月間回到上海的，借寓古拔路原為王儒堂（正廷）先生的住宅。一般工商界的朋友如江上達、許冠群、項康原、朱溥泉等，以身處孤島，不易聽到後方的消息，對於當前若干問題，深感困惑。又鑒於大局越發嚴重，英美兩國在軍事上節節敗退，更憂心於抗戰前途的不利。以我甫從香港而來，或能作一較切實際的解答。因在我抵滬一週後某日晚上，設席洗塵，以便聽取我的見解。

席間，他們主要提出兩個問題：

一、太平洋戰事對我國的影響如何？是禍是福，那一面比較可靠？

二、汪精衛的全面和平論，是有計劃的串「雙簧」呢？還是自成機杼？

我的答覆是這樣的：第一個問題，不談軍事勝敗，先談形勢。自十二月八日起，至少我國對日抗戰上不是孤立的了。只此一點，已不妨認為是福非禍。萬一戰事結果，勝利屬於軸心國家，那已是全世界的禍福問題，不止於一個國家、一個民族的存亡絕續了。諸位果能想像勝利必屬於軸心國家麼？」

其次，談到汪精衛的和平論，這內幕不是局外人所能明瞭的。「雙簧」與非「雙簧」，全是猜測，在真相未揭露前，不須過費心思。所能提供諸位參考的，即此一問題不妨視是國民黨的內部問題。據我的想法，如使汪在重慶，抓到黨政軍的大權，主宰一切，誰能保證跑南京、唱和平的不會是蔣介石呢？

好了，反應來了，他們對於第一個解答尚能接受，對於第二個解答，詞色間可就異樣了。尤其是江上達先生，對我印象，從此壞透。這是可以理解的，他們在淪陷區做順民的滋味已受夠了，出之水火，登於袵席，全寄望於千里外的「蔣委員長」。其一片孤忠，滿腔熱血，自如萬流奔壑。我乃發為不敬之詞，顯屬漢奸論調，宜其不易忍受，艴然變色了。以此，我於擔任偽《申報》社長前，已因口不擇言，招致了十足漢奸的名義。話說回來，此一時期，蔣介石在淪陷區人民的心目中是何等的「偉大」。

這批工商界的朋友，勝利後出亡入獄，多數吃過苦頭。單提江上達一人，一度曾因紗布事作，不肯與日方合作，被軟禁於都城飯店，足證他的愛國並非徒託空言，是有行動表現的。詎知勝利後他亦以經濟漢奸論罪。事緣盟軍轉敗為勝後，日方統制物資益嚴，設立商業統制會，網羅工商界知名之輩，畀以委員名義，強迫合作。江上達為紡織業中堅分子，為了保存物資，為了遠禍，只好接受名義，委曲求全。勝利後如能執法持平，原可原情略跡的。何況抗戰期中，國軍為「圖保全實力」，臨陣撤退，而美其名為「轉進」者，比比皆是。以破例些，商人為保存物資，與敵委蛇，亦不為過。大陸解放後，我倆在港重逢時，他還提起當年洗塵席上的說話，謬承讚賞，許為隻眼獨具。其時他正經營上海紗廠，我則窮困異常，尚蒙相濡以沫，作經濟上的資助。反轉來說，蔣介石在抗戰時期的崇高聲望卻如此這般的給人看穿，化為肥皂泡了。

又我剛抵上海之際，汪政權一系列的人多懷疑我為搗蛋鬼的。他們明白我的背景必然是日本人，否則不會貿然跑回上海。根據他們的經驗，一般不滿於汪政權的人，恃有日方背景，故意興風作浪，向汪政權搗蛋的，以往已有不少例子。加以我入《申報》後，很少機會和他們往來，而在看不順眼的當口，還不免針對現狀；在報端有所批評，這就越發不由他們不對我「另眼相看」了。然而實情異於想像，彼此之間雖具戒心，迄無衝突。如此許久，他們似已明白我非搗蛋一流，又過許久，金雄白先生開始與我接近，他們似更跨進一步，了解我於政治確無興趣。由是陳公博、周佛海等才與我建立私誼，有時也請我作公務的周旋。究因我和他們往來，純為私交，所以關於內幕情形，所知有限。如今我能提出的，均屬枱面上可以攤開的幾件事。而他們的爭權奪利，與對日方的伈伈晛晛，亦可就此看出一個輪廓來。據雄白事後見告，他是受佛海的委託而和我接近的，竟在窺伺我的行動。如此說來，以後他們在心理上對我撤防，當然是由於雄白的「據實報告」了。

當陳公博代理偽國府主席時，並未明白擺脫兼任的偽上海市長，其左右亦巴不得他含糊下去，故亦不作交卸的準備。可是周佛海對於此席卻是志在必得的。他為保持外貌的和協，他又不便出於攘官奪位的一著。乃向我商酌，希望能以第三者立場，助以一臂，取得此席。其時我已受聘為「上海市諮詢委員」，屬於半官式的「民意」代表，當告以此事如以「民意」立場，去電南京，提醒公博既代主席，不便仍兼市長；一面暗示上海地方重要，接替之人，非如周某資望，未易顯出分量之重，事或有濟，亦未可知。佛海以一時亦想不出更佳的辦法來，即請我出面建議，並徵其他諮詢委員連署，發電去訖。不意果然生效，佛海乃得如願以償。

當時我所幹的社會工作，最傷腦筋的為救人一項。日本憲兵隊和翻譯，狼狽為奸，常向市民施行敲詐，或指他們接濟重慶特工，或逕指為特工分子，信口栽誣，隨意逮捕。他們的家屬往往上門哭訴，懇求援救。我生成好管閒事的脾氣，也從不嫌麻煩，攬在身上，設法將他們保釋出來，不必細說。可是這些人飽遭毒打，又經過多天的非人生活。雖幸恢復自由，已是遍體瘡痍，不成模樣了。我常為此類事向陳公博、周佛海談及，指出保障人民的安全，為政府所必備具的起碼條件，為什麼無法辦到，專靠社會人士作消極的補救，這置所謂政府於何地？抑且事後營救，根本就不是辦法，我們懂得眼前環境，不唱高調，侈言主權完整，但至低限度，你們必須認真交涉，規定以後憲兵隊捉人必須會同該管警察局辦理，又必須由警察局處理，不得片面行動，對老百姓才能有所交代。我又以調侃方式鼓勵他們，到了今天，形勢逆轉（指日方軍事挫敗），日方需助更多，勢必要求你們作進一步的合作。為了人民安全，你們縱不能正面抗議，何不利用機會，擺出罷工、辭職的姿態，要挾一下，難道你們還怕別人搶飯碗，日方炒魷魚麼？話說到此，已屬盡頭，陳公博還是一貫的消極態度，一切不感興趣。周佛海雖較有作為，亦只掛上一副義形於色的嘴臉，始終沒有取任何行動。

我常認為做漢奸並不一定挺不起脊骨來，上文所提的張一鵬先生，為了營救六百多名重慶特工，以入地獄的精神，忍辱落水，講到做到，重慶特工果然得救，日方無可如何。陳公博、周佛海等不都是倡言和平救國的麼？而其所表現的，莫說國不能救，即連老百姓的死活亦無力照顧。彼此懸殊，何以如此其甚？一言以蔽，關鍵即在一個「欲」字。一鵬先生是無欲的，無欲則剛，故雖在杌捏之中猶能獨成其正。陳、周一流，以及梅思平、任援道、丁默邨等那批高層份子，則其欲壑之深，嗜好之廣，可說是無底無邊。享受既極奢泰，生活自益糜爛，後來連鴉片煙都抽上了，滿朝文武，成為一群的癮君子。如此貪黷，如此腐敗，還能想他們挺直脊骨為老百姓說話麼？

古往今來，一個私生活不嚴肅的人，決不能辦好政治。一個私生活不嚴肅的政治集團，更可斷言，必歸覆滅。汪政權是不足論了，勝利後的蔣政權，僅歷四年，垮臺完蛋，其主要原因，不也是為了自根到杪，集團貪污，集團腐化，以致失盡人心的麼？

寫到此處，也許有人反唇相譏：那些年間，你陳彬龢難道不是手面闊綽，生活腐化的麼？那大把的錢試問是從那裡來的？為了坦白，我可以打開天窗說亮話，這錢是有來歷的，但與貪污扯不上。事實上我手裡只有一爿《申報》館，而報館卻是無從貪污的，此外我便身無憑藉了。當時遇有救濟捐募事件，捐簿第一行，多半由我開簿面，捐額之鉅，多半亦以我為第一名。工商界老友因我捐得太多，無法跟上，又不願相形見絀，常加埋怨，其豪可想。所以說我手面闊綽倒是實在的，而我以貧兒擺濶，即由於盛文頤的支拄。盛文頤開宏濟善堂，專賣鴉片煙，財富之鉅，上海首屈一指。他自己有日方的後臺，不須借重我的助力。過去彼此向無交遊，他卻看中了我，認為頗有「幹才」挽出聞蘭亭先生居間介紹，結為朋友。難得的是他明瞭我的景況，擱筆管不會有錢，並體會到我的個性，人窮手面大。同時他還想為自己造福，以為多行陰騭，可以銷災保泰。又恐善門難開，不敢露面。於是劃出一筆錢來，由我支配，由我代表。這便是我的經濟來源，與冒充豪客的背景。至於說我生活腐化，我只承認一半，「腐」或有之，化則未必。老實說：在我一生，算是在擔任上海偽《中報》社長的四年間，私人生活比較上軌道。從早到晚，不相識的張三李四，有事找我，每天至少五六十人，我總盡力奔走。我一生從未在銀行存儲分文，這四年間亦不例外。我從未雇用過保鑣。在上海沒有一寸土地，一間茅屋。亦從未借重日方力量，強佔民屋，一直租屋住。同時我亦不否認，很會享受，很會尋歡，當然是壞蛋一個。

「維新政府」成立不及，盛文頤（字幼盦）即在北四川路中國銀行宿舍原址（該處已由日方視作「敵產」），設立宏濟善堂，包辦華中區的煙土公賣。

盛文頤由於日人里見甫（中文姓名為李劍甫）的支撐，氣勢自雄，對於「維新政府」固不賣帳，即後來的汪政權亦未必在他眼內。反之，南京財政當局周佛海則於他的日進紛紛，亦只能眼熱涎垂，奈何不得。

然而里見甫的身分不過是興亞院的一名囑託，盛文頤的身分更不過是串演「雙簧」中的搭當，縱有能耐，何足重視。梁、周一流所以不敢輕於一碰者，即因明瞭他們的運銷煙土，係為華中日軍部，籌劃軍需補貼及特務費用，直隸於興亞院的系統。里見甫為興亞院鈴木總裁所派，盛為里見甫所汲引。來頭之大，非比尋常。

那麼里見甫是怎樣取得鈴木的信任呢？事緣「滿洲國」成立後，里見甫在東北辦通訊社，與關東軍、華北派遣軍均曾建立關係，嗣又與「蒙疆政府」李守信拉上交情，曾將熱河煙土銷東北。鈴木以其於北方人事具有淵源，煙土運銷亦有相當經驗，而華中的煙土公賣，即以蒙疆的熱河土為主要來源，為事擇人，因加賞識。此外鈴木又因他出身於上海同文書院（日人所辦），於當地語言，風俗習慣，較為諳練，在工作配合上亦屬有利，因是此項任務，便落在里見甫的頭上。

那麼盛文頤又是怎樣得到里見甫的汲引呢？事緣以前盛在北洋政府時代，混過多年小差事，結交頗泛，里見甫即為其舊識。自華中煙土公賣消息外洩後，不肖者流，食指大動，卻苦不易摸到門路，而盛則恃為老友之故，近水樓臺，自先得月。加以他是盛宣懷的從姪，盛宣懷生前，與日本已有不尋常的關係，今雖門巷斜陽，風光已杳，而日本人念舊之情，門第之見，還能保存其微妙的傳統，盛既獨講此項條件，里見甫自亦樂於照顧了。

綜上以觀，可見宏濟善堂的主體實際是里見甫，盛文頤僅處於附庸的地方。既然如此，為甚麼對外倒由盛出面呢？談到此點，其中又有緣故。事因煙土公賣，利益可觀，在軍費浩繁之際，確為一籌款法門，棄之可惜。但就事論事，畢竟是丟臉的醜事，如使其本國朝野，得知個中真相，勢必認為表失日本國格，破壞「皇軍」尊嚴，不難釀成巨波。興亞院預防有此一著，故須另找中國人，畀以名義，假以氣勢，出面登場，使其本國人民發生錯覺，以為這是中國人自己的勾當，與日本無關，藉免多事。此中曲折，即為盛以附庸而為主角之由來。前文謂其僅為串演「雙簧」中的搭當，其故亦在於此。

宏濟善堂的業務分採運與銷售兩項，採運由里見甫負責，後文另詳。銷售則由盛主持，設有中央行，下分八家，分配與向營煙土的潮滬兩幫。這八家土行以「人」為單位，招牌是空的，並未設有行號。分銷區域以江蘇、浙江、安徽、湖南、上海等處為限，漢口、廣州則由日軍特務機關直接辦理，不在其內。

盛文頤既為業務主持人，又聘鄭協記土行老板鄭芳煦為名譽理事長，這因潮幫土商在上海具有歷史性，鄭協記又為潮幫土商的翹楚，故特別看待，意在羈縻。惟芳煦雖未拒絕此項名義，亦未嘗管理業務。而且這個「善堂」並沒有什麼組織，什麼規章，任何集會。里見甫是對外活動的，除派有一個人稱「中西先生」的日本人常川駐堂外，其本人絕少到會。盛所用的滬幫土商多為杜月笙的舊部，其為盛任日語翻譯的周文瑞（臺灣銀行買辦）亦為杜的舊人。盛有男僕名叫盧升，據說以前與盛同經患難。此際水漲船高，裡外一把抓，儼如都總管，遇事可以不盡關白，盛亦不甚計較。

煙土來源，由「蒙疆政府」配給，通過華北日軍部轉來上海，由特務機關幫忙運輸，各項接洽，統由里見甫一手包辦。配給數量，每月十四五萬兩，成本若干，必多一重剝削，華北日軍部於過境煙土，自無放鬆之理，所以華中土價較華北為貴。每包煙土上印有「一三八」三個數字，據說此一號碼，與提煉嗎啡成份有關，不悉其詳。里見甫與盛文頤所得的好處，為每月就十四五萬兩中截留二萬兩至四萬兩不等，作為體已，暗盤售脫，所獲極鉅。

盛又利用煙款，經營中亞銀行，以周文瑞為總經理，契兒徐懋棠為副總經理，進行囤積。有人說他開設銀行是有所本的，當年蔣介石曾以煙土和特稅創辦中國農民銀行，所以他亦以煙款創辦中亞銀行，先後媲美，未免語謔而虐。盛又在金神父路置有三井花園，佔地數十畝，陳設華麗，排場盛大，汪政權下任何官邸無此壯觀。七十老翁，優遊頤養，可稱黑籍神仙。周佛海知其深居簡出，遇事相商，往往遷就其意，踵門承教。

勝利前一年半，日本國會議員來上海觀光，才戳穿西洋鏡，明瞭這個煙土大本營，實際是日本軍方所辦的機構，藉以斂財，移充軍費。其毒化人民，騰譏國際，歸而大譁，嚴加抨擊。這麼一來，卻給汪政權製造一個天大的機會，當以全力交涉，收回自辦，日方亦以其經費竭蹶，已涉羅掘俱窮之境，為免增加負擔，順水推舟，予以移轉。

無如此項財源雖不在少數，事情卻不簡單，「蒙疆政府」是否允照前例，續配煙土；華北日軍部是否不致留難，准予通過；一路運輸，向賴日軍特務幫忙，是否仍能得其助力；在在屬問題，在在均感棘手。幸虧汪政權下雖乏槃槃浦大，而賣弄小聰明，還有當行出色的角色。實業部次長袁愈銓乃以吸毒專家的資格，由其長官梅思平薦引，出負全責，專辦其事。果然經他幾度奔走，關節逐一打通，配給運輸，悉如舊制。汪政權啜此餕餘，還要遮羞一下，提出蔣介石的老口號：「兩年禁毒，五年禁煙。」以示此番公賣，不過是以前寓禁於徵的延續，並非自我作俑；一面突破蔣介石將特稅撥歸財政部管轄的成例，改由內政部辦理煙土公賣，並將梅思平、袁愈銓調任該部部長次長，以示酬庸之意。宏濟善堂從此消滅，其八家土行則仍為梅思平所借重，旋擴增為十二家，下設分銷店一百處，以故汪政權接管後的煙土流通，正合上「貨如輪轉」的老話，煙民零購便利不少。惟有一點必須指出的，即「蒙疆政府」配給的煙土額仍為每月十四五萬兩，比之以往蔣介石「剿匪」時期，單是按月運交杜月笙經銷的煙土，少則二千箱（每箱一百兩），多則五千箱，兩相比較，其毒化人民還算小規模了。

去年冬，我遊日本，得知里見甫已於春間在東京病故，歲月催人，已是七十多歲的老人了。此外當時主持煙土公賣的要角，此日尚存人世者，恐僅剩袁愈銓一人。此君隸貴州籍，日本早稻田大學畢業，賦性聰穎，中日英文學均有相當造詣。擅皮黃，又諳天星運數之術。尤嗜書畫古董，摩挲展玩，苦不能致。及既有土有財，囊橐充牣，便放手收藏，價值達黃金萬兩以上。勝利後服刑三年，旋來港經商，折閱殆盡。後去東京，蹭蹬窮途，幾雖存活，設課命館餬口。適梅蘭芳去日演出，目睹舊遊，沈淪可慮，因挈返大陸，總算得到正常的歸宿了。

談過「黑飯」（煙土），再談「白飯」（米）。當勝利前一年，日本海軍，屢戰屢敗，海陸運輸，多已斷絕，食糧補給，益見恐慌，日方為維持軍用，執行統制，變本加厲。如上海一區，才東米不准運到浦西，郊區米不准帶進市區，劃地設卡，稽查嚴密，米價坐是暴漲，小民陷於斷炊。其他各地，亦復如此。周佛海雖向日方交涉，始絡不得要領，因在南京召開糧食緊急會議，除邀有關當局及日軍部高級軍需官員到會討論外，特約我以「上海市民代表」的身分出席參加。

此四年中，我先後僅到兩次南京，這是兩次中的一次。

在會議進行中，一片是南京日軍總部參謀長今井少將，及經濟主管岡田大佐的聲口，強調軍米重要，統制是必需的，如客觀形勢不能改善，今後還須作進一步的執行。當場汪政權的巨頭，屏息靜聽，點不一語，由我依照事先所商方略，單獨發言，指出統制辦法，如再不合理的堅持下去，百姓當然活不了，日軍恐亦未必獨存。必須及早撤銷，疏導米源，自由購運，才能度過難關。只須規定數量，我方儘能負責供應，按時解繳。說到此處，岡田發為獰笑詰問：「好大口氣，你擔負得了麼？」我說：「這非戲言，願立軍令狀。」岡田又說：「到時槍斃了你，便會有米麼？」我說：「正如你說，槍斃了我不會有米，難道餓死老百姓便會有米麼？為了共度難關，還是平心靜氣，從長計議，另定一個辦法的好。」經此折衝，才將會議引上正路，經四小時的認真討論，商定一個雙方可以接受的新辦法。

新辦法的大致情形，為就蘇浙皖各縣產米量的高下，分成甲乙丙三級，彼此分配，糧商得在分配到的產區，自由購運，此雖異於全盤統制，而日方用意，則另有在，批將甲乙兩級產量較豐的縣份，盡數囊括，不准我方染指。於是擇肥棄瘠，爭執又起，幾瀕破裂，日方似感理虧，乃自動讓步，劃出乙級縣的一部份，歸我方自由購運，以資轉圜，協議始告成立，雖於民食供應，仍苦不給，然統制則已由此放鬆，米價亦由新辦法隔日生效，立時回跌。此一結果，大家總算鬆了一口氣了。

五花八門的「地工」

談到上海淪陷期中，重慶派來的地下工作分子，自以軍統、中統的人馬為數最多。次之，有由王芃生主持的國際問題研究所派來的；有由孔祥熙、何應欽、朱家驊等大員個別派來的；有由顧祝同的第三戰區派來的；有由不在其位的杜月笙派來的；有由上海附近的游擊隊派來的；有由駐滬地工頭腦蔣伯誠、吳開先、吳紹澍等就地委派的；五花八門，流品極為複雜。其為招搖詐騙，混水摸魚，唯恐他人不知他的身分，若隱若現地自我表露者，應時而起，大有其人。勝利以後，上自陳公博、周佛海等巨頭，下至起碼的偽保甲長止，其能提出證據，表白與地工有關的漢奸，直佔百分之九十五，這是後話。

重慶地工在上海的消長，大致以太平洋戰事為分水嶺。在此以前，重慶地工相當活躍，曾幹出幾樁激烈的暗鬥。在此以後，經不起威脅利誘，發生變化，大的直接向日方投降，小的向汪政權屈服，如吳開先允負「和運」的溝通任務，由日方派飛機送回重慶；蔣伯誠癱瘓在牀，欣然接受日方的照顧，即為最顯著的例子。

其由軍統、中統轉向投降的地工，則為虎作倀，比投降前倍見賣力。這因日方不惜以重賞鼓勵，升官發財，各從所好，故能得其死力。這批人升官似不大感興趣，發財則為其主要目的。

到了戰事後期，日方鑒於形勢日非，千方百計，想從中國拔出泥腿，與重慶媾和，因而構成矛盾的心理，鄙視其一手製造的漢奸，而於認為有助於和平的地工刮目相視，徐采丞便是其中的一人。

按之實際情形，徐采丞雖以杜月笙的駐滬代表自居，其真實性大有問題，即使屬實，與真正的地工亦大有別。反之，他身任上海日本特務機關陸軍部的「囑託」，通過救濟方式及經濟關係，以旁敲側擊的手法，為日方烘托和推進和平運動，一面乘機侔利，為本身製造財富，則為鐵一般的事實，人所共睹。以故說他是個地工，不如說他是個漢奸，至低限度亦應說是經濟漢奸。可是魚龍曼衍，變幻多方，由於他的心計之工，手腕之活，語言風度之善於作狀，日方既看重他，軍統和第三戰區也相信他，所以勝利以後，不惟罪嫌不及，且能名利兼全，若干漢奸家屬，還須求他代向有關方面疏解，風光十足。這不算奇，解放後他且利用黃炎培的關係，跑到北京，見過行政當局，並得當局許可，堂而皇之，南來香港。神通之廣，莫測高深，可說是漢奸中的典型人物。

在那八年之中，徐采丞為日方進行「和運」，幹過兩樁突出的工作。雖皆未得分毫反應，那是大形勢的不許可，其全心全意的借箸代籌，則為日方所欣賞。

難民與難民船

一是香港淪陷後（一九四二年一月），他派有一艘日本船「有×丸」，從上海直駛香港，他本人則偕沈恭、顧南群、王式如、余中南等六人，趁日本飛機經由臺灣抵達。名義上這條船是接運江浙籍留港難民還鄉的。事實上這條船也確曾載運三百多名江浙籍難民還鄉，但這全是掩人耳目的幌子，真正的用意，是因日方看中了被拘在香港酒店和半島酒店的政治浮虜，如陳友仁、顏惠慶、葉恭綽、周作民、李思浩、林康侯、賀德霖、唐壽民諸人，準備利用他們的聲望，作為對於重慶談和的橋樑，因而將他們接回上海，而由徐采丞承辦其事。按照原定辦法，是將他們混在難民中一併運走，嗣因海運期長，與難民雜處有失優待之意，又以安全為慮，乃中途變計，大部份的政治俘虜均由飛機輸送。

我曾介紹兩位朋友改名換姓搭乘該船返滬，一為當時上海全國青年協會總幹事顧子仁先生，一為現在香港銀行界服務的陳伯流先生與家屬。事後，我為了這件事付出很高的代價給徐采丞，差不多一個艙位要一條黃金（十兩）。大約十二三年前，我在港最窮困的時候，寫信給顧先生救急，託人給了我五十美金，回信也沒有，教會中人就是如此勢利。陳伯流先生在戰後，彼此也沒有往來。

當時還有六十多位江浙難民，我另外租了小輪船，由廣州內河回返上海。我坐飛機先行，由熊秉三夫人毛彥文女士任團長，主持其事。

這批政治俘虜到了上海後，他又受日方委派，暗負管理的任務，所有配給房屋與物品，亦由他經手發放。以前他們在港被拘時，日方規定他們要寫自傳，要寫本人與國民黨的關係。至此，他又督促他們，為全面和平，建立東亞新秩序大寫文章。就中徐陳友仁不肯賣帳，他也不敢放肆外，其餘諸人，都曾受到他的支配，無形中變成他的政治資本。林康侯知道他的歷史太清楚了，倚老賣老，說話中不時嵌進小骨頭，使他難受。他當面不報復，背後施以陰損。以致大吃苦頭。直至勝利，他似餘怒未息，還要發洩一下，當肅奸開始時，較為知名的漢奸送往楚園軟禁，相當優待，林康侯獨被解往南市看守所收押，先嘗鐵窗風味，就是他從中搗的鬼。

話說回頭，後來這批政治俘虜，雖於「和運」無補，未能達成橋樑的作用，但其結局則除葉恭綽、陳友仁外，一部份投入日偽所設的機構，擔任或重或輕的職務，有些不敢出頭，暗中為日偽效勞，此中「教育」之功徐采丞應占一份。

徐采丞的計劃

一是一九四四年，在與日方合謀之下，由他出面，向重慶進行物資交換，其中包括日方與他共同的目的，及他為個人所作的打算。所謂共同的目的，為企圖通過物資的交流，轉變抗戰的觀念，使經濟政治混而為一，以利「和運」的推展。所謂個人的打算，則因日方軍事已走下坡，重慶確有取得勝利的可能，他明白自己的漢奸行為，必須及時彌縫，預為之地。因而以物資向重慶孝敬，以期取得有力者的庇護，這是其一。在他所訂的計劃中，輸入重慶的物資，限於紗布兩項，而借此題目，搜羅囤積，遍及民生日用物品，則為其個人的利益。這是千載一時，增厚財富的機會，必須掌握，不容放過，否則這場漢奸，豈非白做，這是其二。

為了交換物資，他在上海設立民華公司，由日方予以支持，以現金及暫欠的方式，從日方所徵購的紗布中取得一部分，先經界首，後經淳安，運交杜月笙臨時所設的通濟公司接收，時值後方物資嚴重缺乏之際，得此接濟，杜月笙的門面亦屬增光不少，但只允以法幣作價收購，不肯以物資交換。徐采丞恐功敗垂成，破壞他的個人打算，自非遷就不可，當將所得法幣，在三不管地帶，自行套取物資運回藉向日方交代。通濟公司的組織，由杜糾合中中交農四銀行所構成，戴笠所主持的貨運管理局亦派有代表參予董事會。紗布運到重慶時，即由該局支配，從此戴笠的心目中有了徐采丞這個人，正合於其為個人打算的第一項。

同時，他又覺得第三戰區與江浙毗連，重慶一旦反攻，上海或將先受第三戰區的控制。近悅遠來，必須兼顧，於是他又通過江蘇省黨部委員王艮仲的關係，撥出一部份紗布，向顧祝同孝敬，即由王艮仲在淳安設通益公司接收。

抗戰接近勝利邊緣，此項紗布才交割完畢。轉眼原子彈落在廣島，日方的企圖當然幻滅，而他為個人的打算，則如智珠在握，完全收功。勝利後他能屹立不倒，即由紗布發揮作用，戴笠、杜月笙、顧祝同均為其有力的保護人。民華公司後由通濟接收，貨倉之內，單說所存日用貨品，數量已足令人咋舌，又可以反映其在囤積上收益之巨。

救萬墨林向杜月笙立功

對於日方，徐采丞向乏淵源。一九四〇年，為了營救萬墨林脫險（萬為杜月笙家奴，國大代表，時為日本憲兵隊所捕），他先由朱東山（上海漁市場經理），顧南群（上海南洋醫院院長）的介紹，結交一位東北籍曾任國會議員的金某；再由金某的介紹，結交日軍梅特務機關的岡田與坂田。其後又因坂田的介紹，結交上海日本陸軍部長川本上將。坂田與川本是兒女親家，坂田信得過的朋友，川本也信得過，何況他自稱是杜月笙的代表，頗使日本人引起某種幻想，川本因畀以「囑託」的名義。此中經過，即為他與日方建立關係的由來。

萬墨林的案子是相當嚴重的，鍾可成、楊××等先後來港，向杜月笙拍胸膛，寫包票，保證萬墨林必獲釋放，結果全是不兌現的支票。約過兩個月後，這位不聲不響的徐采丞倒將萬墨林救了出來。原因是他死追岡田、坂田的路子，給他走通了，方向且屬正確。又因他人瘦膽子大，在與兩田談話間，居然扯起杜月笙駐滬代表的旗號來。談到此點，我得詳說一過，自德國大使陶德曼進行和談後，中日兩方，這股暗流，斷斷續續，始終未予阻絕。杜月笙雖未必見重於中國人，而在日軍特務機關的心目中則視為黑龍會的頭山滿，潛力甚大，將來和談由他居間推動，未始無此可能，長線放遠鷂，這個交情不能不賣，所以提到他的名兒，日方另有會心，因是萬墨林得以脫險，而徐采丞也就為日軍方特務機關所看重了。

我和徐采丞的關係

按常情說，我和徐采丞的交誼應是深厚的，我是《申報》館的職員，他是《申報》主人史量才的密友，雖屬殊途，系統則一，彼此結合是有必然性的。可是事實並不如此，他是史宅的樓上客，我是史宅的樓下客，每天深夜，我到達樓下時，他先登樓入室。我去的任務為向史先生報告當天的重要消息，他的任務則為陪侍老闆娘秋水太太抽鴉片煙。因此經過幾個年頭，偶爾見面，頷首便散，從無談話機會，更無所謂交情。

當我聽到他派船來港接回江浙難民時，深感這樁辣手的事，即使國際紅十字會出面要求，亦未必便能辦妥。他卻舉重若輕，船到人到，顯見事不尋常，大出意表。後又聽到那批政治俘虜，拘於半島酒店的由該船送回上海，拘於香港酒店的由飛機陸續送回，可見該船駛港，並非全為難民而來，政治俘虜的處置，他似參預其議，事更突出，益令我驚愕不置。

為了探求真相，我初次約他晤談。多年不見，看到他的高瘦身材，煙容滿臉，仍是「老槍」的模樣。惟態度穩重，舉止安詳，出言似經沙濾過的，極合分寸，想見其頭腦的冷靜。我所要探求的，他全沒有漏出半句風來，而進接周旋，則禮數既周，表情亦熱。

我和徐采丞

徐采丞，名錫章，江蘇無錫人。戰前他在上海商場，僅為二三流的腳色，他的出身是一個小洋行（德國人開的）的買辦，為了事務，曾去過歐洲，後來由史量才的支持，從中南銀行取得貸款，創辦民生紗廠，規模不大，亦曇花一現，八一三滬戰前即已倒閉。在表面上他雖擠在富商一起，其實早已外強中乾。戰時他與日方傾心往來，其動機即在於此，對準經濟，打開出路。

民生紗廠設於曹家渡，他為應付工人及該地段的流氓地痞，最初巴結張嘯林，年節送禮，單說洋酒香煙，便需小汽車裝運，其他可知。及史量才遇害，張嘯林的聲勢漸遜，而杜月笙則一枝獨秀，他乃以事張嘯林轉事杜月笙，抗戰期中，表現尤著。杜月笙的跟前不少的此類人，初以閒客視之，等到前萬墨林由他營救脫險後，才覺得此人有可用之處，便引為助手。

那些年間，對外自稱杜月笙代表的大有其人，杜不否認，亦不承認。事實上這些人也非假冒，因杜經手的事太多，張三、李四因以代表自居，似亦說得過去，徐采丞的代表名義，即在此一情形下產生，惟利用杜名，做出偌大市面者，當時實以徐采丞為翹楚。

抗戰勝利後，重慶來滬的文武百官，多託杜月笙代找房子。杜月笙明白代找是假，想送是真，他本身是從重慶來的，腰板極硬，任何竹槓敲不到他，原可拒絕。但為表示上海地面依舊由他一把抓，別人辦不通的他可以辦通，滿口應承，絕不還價，一面即責成徐采丞代辦，要快要好。其時上海房荒，極著嚴重，所要的房子又須配合其人身分，或為花園洋房，或為幾間頭的公寓，決非石庫門的弄堂房子所能敷衍。這題目是太難了，卻難不倒徐采丞，因他從民華公司賺進的黃金美鈔中，拔出一毛，移充頂費（在上海向人挖房子所需付出的黃金），已足應付有餘，使人皆大歡喜。杜月笙所以點中他者，亦正因他吃得太飽之故。單說此點，可見他所利用的代表名義，事後還是付出相當代價的。反轉來說，這宗金錢並非白費，徐采丞由此認識的一般國民黨官員，恰能於其漢奸行為起著包庇的作用。

當時杜月笙的處境頗為尷尬，他的門徒，當令的上海副市長吳紹澍和他處在敵對的地位，倡言打倒惡勢力，口誅筆伐，節節進逼。據說吳是奉命辦理，肅清流氓勢力，使上海成為國民黨獨吞的肥肉。背景強大，杜殊惶悚。不意經時未久，吳忽垮臺，本兼各職，先後削去，杜則安然如故，仍為上海聞人。此中原因，盛傳是因戴笠向蔣介石進言，指出日本雖已投降，共產黨尚未撲滅，以往清共，杜月笙不無微勞，此後局面，對黑社會必須合作，剪除羽翼，今非其時。又戴、吳之間，因接收敵偽產業，權利時有衝突，吳後出言不遜，故戴亦以倒吳為快，當提出郡式軍太太的控訴書，指證吳在接收混亂期間，確有中飽情節。蔣介石經此膚受之愬，乃變更原定計劃，保全杜月笙，而將吳紹澍踢走，徐采丞躲在後面即為倒吳要角之一。事因郡式軍的太太，已是犯婦身分，絕對無此膽量敢向副市長太歲頭上動土，其中出主意，寫狀紙，拍胸壯膽，嗾使她出面控告，即全由徐采丞等一手包辦。這又是他在勝利後幹得最得意而又最精采的一幕。

解放後，徐采丞先於一九四九年來港，一九五〇年回滬。後於一九五一年來港，一九五六年在港自殺身故。兩年之中，一再跋涉，第一次即在企圖呈其故技而來，妄想再與日本進行物資交換。他原來的計劃，預定在北京香港各設公司，聯繫轉運。北京公司資本人民幣二十億，由黃炎培出面，王艮仲為業務負責人，香港公司由杜月笙出面，資本由一花紗界人士籌墊，業務歸他處理。惟關鍵所在，須先與日方商訂合約，公司方能正式建立，其時他曾向我探詢坂田近況，我告以此人聞因走私，為美軍所逮捕，正在獄中。後悉黃炎培等以供職政府而參加商業，大受批評；杜月笙因喘症纏身，一切不感興趣，以致公司成立，遙遙無期。最後消息相傳日港交通恢復後，日方亦正有人探訪他的行踪，追究日俘遣返前交他窩藏的美金二百萬元，而國內的三反五反又正密鑼緊鼓，以致滿盤計劃，胎死腹中。

以此之故，他始以計劃對日交換物資而來，終則變為香港寓公，長期居住。又因考驗，國門雖近，此生恐無歸期，於是索性轉過頭來，以金錢與國民黨的過氣人物勾搭。

他的自殺，聞為精神病所致，這是可以相信的，觀於上文其機心毒手，可見一般，如是猶欲維持精神上的平衡，自屬無此可能了。

現在談談我和他一九四二至四五年在上海一個時期的暗鬥。

一九四二年我由港回到上海，他忽不速而來，以懇摯的語調，道出來意。他說：「局面太壞，不是做事的時會，你千萬動不得。如有緩急之處，儘管開口，你我好說。」交淺言深，頗感突然，我一面謝謝他的好意，一面卻表白我的性情，一個好動的人是不樂於拘束的。時局雖壞，未必社會事業也不好辦。最後給他頂上一句：「儘管放心，我決不會參加汪政權。」

過此不久，《申報》由我接辦的消息傳出了，他又跑來看我，勸我千萬管不得。這回我是開門見山地拒絕接受，非管不可。理由很簡單，我不管，有人搶著管，與其由生人管，不如由我熟人管。最後給他一句安心話：「史先生是老東家，我敢保證，不會損害史家一草一木。」

當時他在上海，的確是靜安寺日本陸軍部（特務機關）的「上賓」。他唯一的靠山就是川本部長與坂田，他們真正做到了「中日一體」。徐在日本陸軍部權力範圍之內，可以隨心所欲，說到辦到。正因為他與日本特務機關的關係密切，又很容易和日本憲兵打交道，特別與舊法租界貝當路憲兵隊打成一片。他可以嗾使憲兵隊隨便捉人，也有面子隨意保人。因此，當時上海一些正當人士對他都有戒心，同時一些壞人都想巴結他，走他的門路。他賣面子向日本憲兵隊保釋任何人，並不是無條件的。條件對，就肯保；條件不對，托病不理。他還有一種別人辦不到的本領，他可以獲得一般市民當時受配給限制的大量日常食品，以及大量囤積的舶來品煙、酒、牛油等等。一到年節，分贈老友。

我初回上海時，對日本軍人一個不相識，只認識幾位在京滬的日本外交界老朋友，向憲兵部隊保人，跟我一樣毫無辦法。直到我接辦申報後，在報上不斷攻擊日軍部的統制經濟政策，當時駐滬的日軍登部隊派高級主管人員來找我。初則彼此激辯，各不相讓；日久交了朋友，地方上一切難題都有商量餘地了。

我就乘此機會，交給下級主管軍官。主要目的，希望亦能向憲兵隊保人；因為憲兵隊是歸登部隊所管屬。不久給我達到目的了，由登部隊把我介紹給憲兵隊負責人。當時我的身分十分自由，上可以和將官往來，下可與尉官班長等稱兄道弟。我又不肯花錢，大約從一九四三年下半年起，向憲兵隊保人的路子走通了。那時，我又向憲兵隊再三交涉，懲罰過幾個在懲兵隊中無惡不作的翻譯。

我在報館辦公時間，無論識與不識，白天或晚上，來要求向憲兵隊保人，我就馬上照辦。我記得有一位編地圖專家蘇甲榮先生，他和陳公博是北大同學，犯了愛國嫌疑，為憲兵隊拘捕已經很久，我曾費了不少力氣，才營救出來。可以出來不久，他就逝世，實因在獄中受傷過重之故。

一九四三年春，我應邀從東京開會回來，駐滬日本海軍武官府近藤少將約我往談。我到達後，近藤遞給我一份公文書。那是由上海日本陸軍部送來的，川本署名。文中指出我的活動背景為蘇北新四軍，請予徹查云云。因《申報》所在地為日本海軍管轄區，陸軍部無權過問，故不能直接行動。我不防有此等事，頗感突然。近藤肅然無聲，表示等待回話，氣氛倍見沉重。我懍然於安危決於呼吸之間。力求鎮靜，又須立刻答覆，能使近藤滿意。幸虧機智敏捷，在交回公文時我坦然向近藤說：「這回我去東京，參謀部高級幕僚曾一再要求，幫忙進行全面和平，授權我和蘇北接觸，重慶亦可。不過我自問無此資格，還沒有接觸過，以後如何，我會隨時奉告。」近藤聽罷，面部緊張隨而鬆馳，轉詢東京近情，這件熱辣辣的事，就由我的三言兩語把它打回去了。然而誰在和我開這個玩笑呢？百思莫解。半年後，登部隊一個參謀植田告訴我，這是出於徐采丞的鬼計，假手川本，企圖把我打倒。

由此我將他前此兩次過訪的經過，連繫起來，參前想後，得出一個結論！他所以下此毒手者，即因我不肯聽話，要我「領教」之故。

我的本心，一向喜歡社會活動，不愛靜居。他想來控制我，當然辦不到的。正因為我比他精力充沛、坦白，活動力強。他終年病態，獨居暗室，所以他和我交手，他是必敗無疑。其後他見撼我不動，怕我報復，逢年逢節，都有名貴禮品送來。其實，大家墮落到此地步，還談什麼恩恩怨怨呢。

日本侵略中國一段秘史

張作霖同町野武篤「俠義結交」

張作霖如果早晨起來聽說雞蛋漲了價，那一天他就會省著不吃，可是要買槍砲的時候，幾十萬百萬毫無吝色。他的日本顧問町野武篤說他是個自奉甚薄而野心很大的人。

町野武篤是在一九二二年張作霖任督軍的時候，日本陸軍部命他來當張的顧問的。町野不客氣地對張說：「我不是來當馬賊的顧問的啊！」張答得更坦率：「我現在不是馬賊了，當上督軍，就要打主意統一中國嘛！」也許一個是江湖好漢，一個是浪人氣質，兩人一拍即合，就成其為「俠義結交」了。町野說：他們是誓共生死的。張曾經勸他歸化中國，說是張做了皇帝，就可以封町野為「滿洲王」。町野說，他雖然託詞拒絕了，但他心想，張有一個漂亮女兒，如果一個退居臣籍的日本皇族同她結了婚，豈不是一個現成的「滿洲王」！町野至今說起來還洋洋得意，就可想見他們是塊什麼材料了。

町野承認他自己讀書很少，張作霖比他還不如，他說，張雖然根本沒有讀過書，可是官做久了，不但電報公文看得懂，連日本報紙雜誌也略知大概，尤其是決斷力強，腦力足，具備一個大人物的條件。吉田茂經常笑他把張作霖捧得太過火了。（按：吉田茂當時是奉天總領事，他是主張強硬對付當時東北的反日風潮的，町野袒護張作霖，所以他們之間就自然發生了磨擦。說實在的，奉天總領事這個缺，是日本外交官的畏途，因為他要伺候四個婆婆，就是：外務省、關東軍、關東廳、滿鐵等四個頂頭上司衙門，哪一個也得罪不起，做兒媳婦的就不免疲於奔命，無所適從了。也正因為日本在東北這種多頭政治，儘管它們的共同目的是侵略，但各自為政，行險邀功，所以才會發生郭松齡倒戈，張作霖被炸，「九一八」這一連串的事變。）

町野為了誇張他和張作霖的交情，還說了下面一段不像故事的故事。他說：「因為他回到家鄉會津探視父母多耽擱了些日子，老張等得不耐煩了，問他何不把父母接到北京來住？」町野答稱：「父母是不願離開鄉井的。」你猜張作霖怎麼說：「那把整個兒會津若松市搬來好了。」這只是張作霖那一套籠絡人的手段，說說也就算了；可是町野心想，人口五萬的若松市，每戶給一萬元，在大陸建立一個若松市，那對張作霖的權勢來說，真算不得一回事吧。

町野說，老張遺產不過六百萬元，而小張四年之間就有二千四百萬美金存在美國，從這裡就可以判別他們父子的優劣。（張學良是不是有二千四百萬美金，不得而知，即會有，比起蔣、宋、孔來，恐怕也只是小巫見大巫吧。）

張作霖炸死後，町野武篤鎩羽而歸，並沒有履行同生共死的誓言，現在還活著，已經八十八歲了。

鐵道借款密約草案簽字的一幕

一九二七年，田中義一任日本內閣總理，特地把町野武篤喚回來，嚴肅地對町野說：「滿洲是日本的生命線。現在要張作霖向日本中請借款建築五條鐵路（見後），只是要他負個虛名，一切都由日本包辦。事關重要，無論如何都得使張作霖答應這件事。」町野當即表示反對，他說：「如果現在這樣做，張作霖有可能會垮臺。為什麼呢？張作霖的勢力已經控制了十四省，只有西南四省未入掌握（他的意思是恐怕給人以反張的口實，張的勢力就會瓦解），最好再等兩年（也就是說，等張統一了中國之後），那時日本就可以如願以償了。」田中說：「可是再無法抑制陸軍內部了，老實說，如果鐵道借款的計劃馬上不能成功的話，他們就會發動武力佔領滿洲的。」

町野懷著沉重的心情回到北京，不久日本政府發表山本條太郎任滿鐵總裁，田中和山本不斷催促町野回音，町野始終沒有勇氣向張作霖開口。在山本約定到北京謁見張大元帥的前夕，町野無奈，硬著頭皮偕同江藤豐二去見張作霖。江藤是滿鐵的社員，中國話講得不錯。町野說他平日同張談話，都是由張的手下翻譯，這次為了保密，才把江藤帶來的。

町野把鐵道借款密約草案遞給張作霖的時候，張面色突變，憤怒地說：「媽的把子，這樣的東西可以忍受嗎！」（「媽的把子」是從前東北人的口頭語，同廣東人的「三字經」一樣，當年奉軍入關，這四個字就成為他們的標誌了）說著，把文件往桌上一擲，站起身來就往寢室裡走，町野說他連忙趕上去一手抓住張的肩膊，哀聲道：「難道我們明天就分別了嗎？」町野是想用誓共生死的交情來打動張作霖。張默不作聲地走進寢室裡去，町野說，這一晚，他和江藤真是難過極了。

翌晨九時，山本在北京車站出現了，十點，他們照約定時間去謁見張大帥。十點半，還不見張出來，町野有點慌張了，三人面面相覷，好容易等到十一點，才見張作霖頭纏白布，一步捱一步走進會客廳來，町野鬆了一口氣，低聲對山本說：「大元帥似乎在發高燒吧。」

張作霖平日接見賓客，總是張開兩手，大聲說：「久等了」，隨著緊握對方的手搖動幾下，表現得很歡迎的樣子。這回接見山本，聲音很小，只是輕輕地同山本握了一下手。山本也不客氣，見面就說：「大元帥，我們也許有場爭論吧！」隨手把條約拿出來。可是，江藤猶豫了五分鐘，還沒有把山本這句話翻譯出來，町野從旁催他快說，江藤又考慮了幾分鐘，這才翻譯給張作霖聽。町野看著張作霖看他怎樣表示，沒有料到事情會這樣簡單，「你們同楊宇霆好好地商量吧。」張作霖說著就站起來了。

在另一間屋子裡，楊宇霆在那裡等著。町野說，楊宇霆是日本士官學校畢業的軍人，有才有識，平日他們兩人很講得來。當山本把條約草案交楊看的時候，楊憤然戶色說：「我常常感念日本的恩義，思有所報答。但是，最近日本的官吏和軍人在東北的行為，不是高利剝削，就是明火打劫，我們以為這只是些低級官吏和軍人搞的事情，沒有把它放在心上。現在，看到日本政府這種無理的要求，使我對日本的觀感完全改變了。」町野說，楊宇霆當時說話的神氣是很感動人的，連山本也不能不表示同情。

山本為了敷衍面子，還強詞奪理地說，鐵道建成後，滿洲的物資可以大大出口，這不是日本八千萬人口所能消納的，那時一部分可以運到美國去賺外匯，一部分統由大連港運到中國南方去，這樣，南方的饑饉問題也就可以解決了。

當然，在日本軍國主義的強大壓力下，外強中乾的張作霖終於簽訂了這個賣國條約。

那天晚上，張作霖舉行了盛大的宴會，大概由於良心的責備吧，這回裝病的不是張作霖，而是山本了。張作霖笑著說，山本先生也許是太累了吧，命人扶他到休憩室靜臥了約莫二十分鐘，山本爬起來就大吃特吃，口裡連聲嚷著好吃，好好，說一輩子也沒有吃過這樣的好「料理」。

鐵道借款密約的內容和交涉進行的曲折

鐵道借款賣國條約，也稱做「山本張作霖密約」，它的內容是這樣的：

敦化——老道溝——圖們江江岸線
長春——大賚線
吉林——五常線
洮南——索倫線
延吉——海林線

以上五條鐵道的建築，交由滿鐵包辦，所有資金作為借款辦理。比這個更無理的是，密約禁止中國的打虎山——通寮線路再向通寮以北延長，同時禁止中國建築開通——扶餘線。山本還在交換公文中提議「日滿經濟同盟」和「軍事同盟」。

山本奉田中內閣命令把交涉移交駐華公使芳澤謙吉正式辦理，芳澤明知道交換公文是山本使張作霖讓步的花招，但認為山本不通過正式外交機關逕自提出軍事同盟這一類問題太不應該，向田中請示，田中也認為山本節外生枝，電令芳澤向張作霖收回這項交換公文。可是，代表日本軍部的本莊繁武官是山本——張密約幕後人，堅持外交當局應該根據這個成進行交涉。這一來，收回交換公文的事，田中和芳澤都感到棘手了。同時，張作霖也強調這個密約是東三省的地方秘密事件，反對與芳澤交涉。

楊宇霆堅持行文只能以田中為對方，反對同芳澤之間公文往來，他是深懼這個賣國條約一旦成為外交上的正式交涉，一定要遭到全國人民的反對，結果就會像町野所顧慮的那樣，張作霖有將臺的可能。果然，天津《大公報》揭露日本強迫修築東三省鐵路，侵佔土地所有權和新設領事館的記事發表了。同時，東三省的報紙也報道日本把東三省當作殖民地，向美軍摩根財團借款來敷設鐵道了。事實上，摩根財團的賴蒙特在東京的確答應滿鐵的齋藤理事締結一個三千萬美元的借款條約。

楊宇霆答覆記者的質問說：「美國的滿鐵借款，是對中國政府和人民的一種挑撥。」（一九二七年十一月二十九日）芳澤大吃一驚，認為這是表明反對鐵道密約，寫私信給楊宇霆質問，同時，本莊也為此訪問了張作霖。張作霖對本莊大發牢騷，他說：「南方政府不斷地攻擊我」，說是我在日本援助之下想做「皇帝」，事情搞到這樣糟，應該是日本的責任。

楊宇霆也辯稱，奉天派在北京政府內的地位越來越不妙了，在公共的場合中，為了保持體面，除否認鐵道借款密約外還有什麼話好說呢！

結果，田中承認行文的對方為田中外相（兼任），楊宇霆表示同意，但不允更正對新聞記者否認密約的談話。國民革命軍北代著著勝利，形勢越來越不利於張作霖，張作霖乘機把鐵道密約交涉表面上交給吉林省長張作相同日方進行，藉以緩和國內各方對他的攻擊。同時，張作霖、楊宇霆以軍費支絀為理由，對日方提出二五附加稅作為鐵道交涉和日本在帽兒山設置領事館的交換條件。

松岡外交碰壁記

班門弄斧貽笑大方

一九四一年三月十二日晚，東京車站出現了一個非常熱鬧的場面，許多許多人集合在歡送外務大臣松岡洋右到歐洲去，新聞記者描寫松崗當時的神氣儼然是一個大將軍出征的樣子，氣概不可一世。

的確，松岡是懷著一個大計劃到歐洲去的，在他的公事包裡就有一份「日德意蘇交涉案要綱」，他的計劃是想在日德意三國同盟之外，再來一個日德意蘇四國協商。可是，當時巴爾幹的形勢，已經反映了德蘇關係的變化，外務省的情報也有著德蘇關係惡化的看法，無奈松岡一廂情願地在做他「四國協商」的迷夢，也就聽不進逆耳之言了。

松岡的「四國交涉案要綱」，儘管已經成為帝國主義的垃圾，但那些「荒唐言」還是值得今日中日兩國人民警惕的。例如：日本承認蘇聯在新疆外蒙的地位，蘇聯承認日本在華北蒙疆的地位；日本是大東亞共營圈的政治指導者，負有維持東亞秩序的責任；戰後世界應劃分為四大圈，即大東亞圈，歐洲圈（包括非洲）、美洲圈、蘇聯圈（包括印度、伊蘭）等等。

松岡到了莫斯科，同美國駐蘇大使斯坦哈特作了一個鐘頭的會談，松岡保證日本沒有武力佔領新加坡以及其他以南地區的意圖和領土的野心，並且希望羅斯福總統出面調停日中戰爭。這是松岡準備在對蘇交涉任務完成之後進行日美交涉下的一個棋子，也就可見松岡當時在外交上是如何自命不凡了。

三月二十四日午後四時，松岡到了克里姆林宮同莫洛托夫會談的時候，突然斯太林也出現了。松岡為了討斯太林的歡心，班門弄斧，大談其共產主義，說什麼日本人雖然不信仰「政治的經濟的共產主義」，而在傳統上是「道德的共產主義者」。現在日本人思想的混亂，是由於西方自由主義思想侵入的結果，為了要恢復日本人的傳統思想和建設新秩序，就不可能避免和英美自由主義發生衝突。他說，在這一點上，蘇聯的立場也是反西方向由主義的，所以日蘇應該屬於共同陣營。這樣，松岡強調了日蘇合作是世界歷史的必然性。老練的斯太林當然對這些議論是不會置一詞的。至於「四國協商」的那些話，松岡在沒有到柏林取得希特拉同意之前是不會提出來的。

「四國協商」胎死腹中

柏林車站歡迎的熱鬧場面同東京車站歡迎時的情形差不多，松岡正暗自高興，但是等到同李賓特洛甫（納粹外交部長）會談的時候，松岡大大失望了。

原來三月五日希特勒已經下令給陸海空軍總司令說：「基於三國同盟協力的目的，此時務須極力導致日本在遠東積極作戰。」因為那時納粹認為英國屈服只是時間問題，如果日本在這個時候攻擊新加坡，一面可以促致英國早日投降，一面可以阻止美國參戰。納粹熱烈歡迎松岡，正是為了要說服日本執行它這個戰略，至於從前說的什麼贊成搞「四國協商」和幫助日蘇調整國交那些話，早已丟在九霄雲外去了。

在會談中，松岡表示個人贊成攻略新加坡（聲明不是代表日本政府的立場），儘管他已經明知道對方會談的目的在此不在彼，但也不能不硬著頭皮提出「四國協商」問題來談一談，李賓特洛甫的答覆是毅然決然的：「由於德國軍民全體反對進一步同蘇聯合作，所以『四國協商』的話是絕對不可能的。」他還說什麼「日本和德國是站在國家的立場，而蘇聯是國際的。蘇聯破壞家庭制度，而德國是擁護家庭制度的……」這些話看來和上面松崗對斯太林的話恰恰成為一個有趣的對照。

三日間會談的結果，納粹不僅反對「四國協商」問題，連對松岡調整日蘇國交的努力也暗示不同意。這樣，松崗的幻想破滅了，只落得乘興而來，敗興而返。

簽訂日蘇中立條約

松岡在失望和複雜的心情中回到莫斯科，但他終不相信希特勒會發動對蘇戰爭，也許是怕無面目回去東京，所以不顧一切地同克里姆林宮進行交涉。松岡最初主張日蘇訂立互不侵犯條約，莫洛托夫藉口抵觸中蘇不侵犯條約拒絕了他，松岡不得已讓步來談中立條約。松岡提出前述的「對德意蘇交涉案要綱」中劃分勢力範圍問題，主張把華北、內蒙劃為日本勢力範圍，外蒙、新疆為蘇聯勢力範圍，作成秘密協定。莫洛托夫推託說：「這個等到將來再談吧。」結果，在中蘇中立條約四條之外，附帶聲明說，日本尊重蒙古人民共和國的領土安全和不可侵犯，同時蘇聯尊重「滿洲帝國」的領土安全和不可侵犯。

日蘇中立條約成立的消息到了東京，優柔寡斷的近衛文麿（當時首相）表示欣慰，他說：「這才鬆了一口氣……！松岡這個人很能幹。」一般也認為，日蘇國交安定下來，以後日本對中國和南方的行動可以更自由了。但是，在樞密院和外務省內部有些人耽心，這是克里姆林宮的圈套，嗾使日本加強推行南進政策。前外相幣原嘉重郎指責松岡是「無軌道外交」，中了克里姆林宮「鷸蚌相爭，漁翁得利」之計，他指出蘇聯對中立條約的目的是：第一，促成日美戰爭；第二，萬一對德作戰時，無後顧之憂。

斯太林破例到車站送外國使節啟行，當他擁抱松岡親吻的時候，可以想像這位克里姆林宮主人心中是怎樣高興和感謝這位日本使節送來這份厚禮。

條約簽字的那一天

西春彥是當時日本駐蘇大使館的公使，他記述日蘇中立條約簽字前後的情形說，松岡一行是四月十三日午後二時左右走進克里姆林宮會議室的，那時斯大林和莫洛托夫等人已經在那裡等候了。斯大林一見面就問松岡幾點鐘從莫斯科車站動竹竹，松岡答道是午後五點，斯大林說何必那樣匆忙，隨即掛了一個電話，然後告訴松崗今天火車改為六點開車。大家暗自驚服這位克里姆林宮主人的精力和權力。

簽字後，斯大林舉杯祝日皇健康，松岡不知是真糊塗還是假糊塗，他舉起杯子來說是為斯大林健康而乾杯。斯大林隨著請大家為加里寧而乾杯，加里寧是當時蘇維埃最高會議主席團的主席，憲法上國家的元首，松岡大大失態了。

簽字儀式完畢，松岡一行回到日本駐蘇大使館，不免飲酒慶祝一番，到車站已經是五點了。西春彥發現斯大林和莫洛托夫也進了車站，連忙到候車室去告知松岡和建川（日本駐蘇大使），可是這兩位都酒醉得糊裡糊塗，好容易才把他們叫醒過來，這樣就在月臺上演出了互相擁抱親吻的一幕。

西春彥說，從當天車站送行的情形來看，似乎蘇聯方面把日蘇中立條約作一件大喜事看待，同時，看到斯大林在車站對來送行的德國駐蘇大使和武官那種親熱的樣子，不能不令人有一種異樣的預感。

德蘇開戰日本尷尬

果然，希特拉下令東部戰線的納粹軍隊向蘇境開始攻擊了，這是六月二十二日拂曉的事，距離日蘇中立條約答字的四月十三日剛剛七十天。

德蘇開戰的消息震動了東京，松岡是在歌舞伎座陪同汪精衛看戲的時候接的報告。不消說，這個消息對松岡的打擊最大，因為他是認定德蘇不會開戰才主張訂立日蘇中立條約的。

松岡也許是為掩飾締結日蘇中立條約的失策，極力主張對蘇宣戰。他對日皇說：「德蘇既已開火，日本只有同德國協力對蘇作戰。因此目前南進政策應當稍緩進行，但結果日本勢必對蘇對英對美同時作戰。」據說這些話當時把昭和嚇了一大跳。

但在日本軍部方面，海陸軍的妥協案是主張暫時觀望，俟德蘇戰爭進展到了對日本極為有利時，才行使武力來解決北方問題。同時，即令到了行使武力的時候，亦以不影響對英美作戰的整備態勢為原則。這顯然是海軍方面意圖牽制陸軍發動對蘇作戰。

從六月二十五日起至七月一日止，日政府例與統帥部舉行了國策討論聯絡會議。松岡在會議中反對軍部所採取的形勢觀望方針，尤其對於「極為有利」那些字眼表示不滿。

他說：「……我們堅持道義外交，三國同盟協定必須遵守，至於中立條約，簽訂在後，理宜廢棄。……而且應當在德蘇戰事情況不明之前即行參加戰爭。……」軍部為了敷衍松岡面子，對原案略加修改，也僅僅是把「極為有利」的「極」字刪掉，基本上仍然是主張一面觀望形勢，一面整頓軍備，目前不介入戰爭。

另方面，儘管德國一再催促日本履行盟約對蘇採取軍事行動，但日本政府在七月二日的御前會議上，終於作了不介入德蘇戰爭的最後決定。

這樣，烜赫一時的松岡外相，在內外形勢夾攻之下，再也無法戀棧下去了。

我的年輕時代

逝者如斯，我今忽忽已屆七十之年，回首前塵，百無一是，僅餘青年時期年斷生活，尚堪尋味。其時我遇見不少的碩學通儒，渾渾噩噩，錯過請益的機會，洵屬幼稚可笑。

我出生於破碎的家庭，先父早背，家道寒微，所受正式教育，只在高等小學讀過幾年。先母為維持生計，在上海哈同花園倉聖學校女學部覓得舍監的職務，兼教刺繡。而我則於十六歲時，由親友介紹，在浦東中學充任一名書記，寫鋼版，印講義，於蠟紙油墨間虛擲大好光陰。此時母子兩人，隔江（黃浦江）相念，連這破碎的家庭也不存在了。

母愛是偉大的，雖然窘境，總希望自己所哺育的孩子，不時見到一面，撫摩煦嫗，在心裡上得到安慰。無如哈同花園的規制極嚴，舍監又是住堂的職務，輕易不得出門；而一江之隔，也使我省視不便；先母為求打破此種隔絕，多方請託，好容易才將我弄進哈同花園，當上男學部初小一年級的國文教員，月薪十元。其時我僅十八歲，論學歷，論學識，這十元錢我是沒有資格拿的，好在倉聖是私費設立，關門辦學，除一般學制依照教育部規定外，其他全由該園總管兼倉聖校長姬覺彌（佛陀）任意為之。只須通過人事關係，我這小子居然濫竽充數。

初小一年級的國文課本指定讀孝經。這部書，我聞其名，未見其面，莫說書中意義我不明白，即連字面也有不少「攔路虎」，使我讀不下去。當然，我是費盡心機做預備工作的，無奈手邊無參考書，又無可以質疑的師友，暗中摸索，總是隔靴搔癢，吃力而無法取巧。姬覺彌和教務長范某（名已忘，蘇北人），卻不時來堂監課，聽到我的字音不正確，講解不明晰，往往當場指摘，毫不留情，根本不當我是教員看待。幸虧我是一個大孩子，和學生的年齡相差不過四、五歲，情意相投，處得很好，沒有因我念白字、解錯書而起鬨鬧我。刻在香港以「花王周」筆名寫文章的周世勳兄，當年就是我這一班的學生，如見此文，追憶前情，當不禁啞然失笑。

哈同花園中有兩個魔頭，一個是姬覺彌，一個是門房許福。姬覺彌除諂事迦陵夫人一人外，儼如園主，一手遮天。他所訂下的法例，如師生全體終年素食；要聽佛經；規定十天休息一天；平時不許在園中自由賞玩；假期非得許可，不許出大門；如此這般，可以說是精神肉體，同時受到他的磨折。就中除極少數與姬私人有深交的教員，姬覺彌特別看待外，其他人等，概被視為奴役，我更不必論矣。許福掌門房，狐假虎威，夜郎自大，見人行近園門，無問教員學生，便大聲喝問：「那裡去？」聽到這聲音的人，還是識相些，乖乖走上回頭路的好，否則惹他性起，教訓還是小事，破口辱罵，就更自討沒趣了。

因此，我母子倆雖同在園中任事，想來先母亦是同樣受罪。尤其是那部《孝經》，大大的使我頭痛，聽到上課鈴，心頭卜卜的跳，不知如何支撐下去。所幸天不絕人，徬徨無計間，救星到了，我的房間忽然住進了一個同事，他姓胡名光煒，號小石，南京人，三十零歲，請來擔任中學部國文教員的，行李不多，書籍卻帶得不少。當時我並不知他研究金石小學，擅長詩詞歌賦，是一個學問淹博的人，只覺其風神瀟灑，態度和易，不以禮數拘牽，我才敢老老實實的向他訴苦。他說這事不難，遇有疑義，儘管提出，我會給你詳細解釋。由此我一面學，一面教，現炒現賣，才算度過難關。《孝經》是薄薄的一本書，這學期教過了，已有一個譜子，下學期再教，由熟生巧，我已能應付裕如了。

胡先生是講究氣節的人，太監式的姫覺彌是看不順眼的，忍耐半年，辭職而去，在虹口清道人李瑞清家處館，我因訪候胡先生，故不時出入於清道人之門。

清道人有詩云：「為人莫學書，學書誠無益，醜無損於己，善徒為人役。」他為不願徒為人役，因在上海賣字，訂有潤例，取值不菲。寫的是北碑的半隸書，迎合時好，求者頗眾。五十年前，海上名書家除清道人外，有鄭孝胥、曾熙，及為商店寫招牌的唐駝、天臺山農。名畫家則為吳倉碩、何維樸（詩孫）等。談到商業價值，清道人首屈一指，賣字所得，每年約二萬元。

胡先生在清道人家，賓主相忘，情意彌篤，曾熙當為串門客，談詩論藝，雅韻欲流。張大千時已在滬，屢以所任，就正先進，說者因謂大千是清道人、曾熙的學生，那是表面的說法，實際他從胡先生處，受益最多，大千書法，即模仿胡先生的字體，僅得其貌，未盡其神。近年大千以長髯高帽，濶袖輕裾，出入於國際機場，即由清道人的裝束脫胎而來。

後來胡先生由陳鐘凡介紹，任北京國立女子高等師範學校國文系主任，陶玄（曾任北京女子中學校長、立法委員）、錢用和（徐州女子師範學校校長、宋美齡的秘書）輩均為其高足。北伐後，他在南京中央大學任教授，直至數年前病故為止。

溥儀復辟以後，哈同花園住進了許多遺老，一條豚尾，滿口黃牙，搖搖晃晃，高談濶論。哈同夫婦旅居上海多年，絕少沾染中國文化，惟於三鼎甲出身的人物，則一心嚮往，視為殊榮。住客中有光緒廿一年乙未榜眼喻長霖被他看中了，聘為倉聖大學的監督，與姬覺彌同管校務。喻先生是浙江黃岩人，年齡五十有零，對我來說，他是高不可攀的。由於監課關係，我才和他認識。又由於我的勤力，他似乎對我發生好感。

喻先生同時賣字，但請教者不多。當時我於書法，還是外行，對於他的功力，未敢妄說。但有人告訴我，他的館閣體寫得很好，但在家鄉，從未見過碑帖，直待到了北京，殿試，逛遍琉璃廠，在書法上才大開眼界，經過一番苦功，才從館閣體解放出來，所寫聊幅，才算像個樣子。

民國八年，浙江成立通志局，總纂編纂，用的當然全是浙江人。浙督盧永祥，省長齊耀珊，鄭重其事，會銜敦聘沈子培（曾植）先生為總纂，又聘喻先生為提調，接任徐班侯（永嘉人，翰林出身，死於水）的遺缺。提調是事務上的局長，不似總纂可以遙領，必須駐局辦公，喻先生因辭倉聖監督，赴杭就職。

喻先生臨行前，招我去，他說：「你的書還未讀成，年紀很輕，應當好好的用心進取。姬覺彌待人刻薄，你像小媳婦般，我代你難受。不如隨我去，一面我教你，一面給你一個書記的名義，月薪十二元，比這裡還多兩塊。你看可好？」這還用說麼？我當然是滿肚皮的高興了，但還不能滿口應承他，聲明待徵先母同意後再定。他見我如此說，認為理所當然，反而誇獎幾句。後來先母同意了，我便隨他到杭州去。這是我生平第一次離開本省（江蘇省），時年已二十歲了。

浙江省通志局設於杭州城隍山，喻先生為便於翻閱四庫全書，常川駐宿於西湖圖書館。無間風雨，我須於侵晨下山，趕往西湖，直待夜間九點，才能回通志局，一個單程，足足要走五里路。山上尚無電燈設備，沒有月亮的夜晚，一團漆黑，我一手持燈籠，一手拿棍子，以防惡犬。

我在喻先生身邊所做的工作，內勤方面，為他掃地抹枱子，整理書籍，聽候使喚，這是一般的。遇到他寫對聯條幅，我先磨好墨，再給他拉聯紙，有時他的興緻好，逛西湖，在自備小艇中，我是唯一的搖櫓手。外勤方面，我為他送書信，全是跑腿，除非書籍過多過重，手提肩負，都不濟事，才能叫一次東洋車。我至今腰腳輕快，也許就是由此鍛鍊出來。隨著季候的轉變，又有例外工作，夏天我要為他放紗帳，趕蚊蟲。冬天我要為他鋪牀墊枕，燒水灌入湯婆子，一天雜務，才告完畢。說得漂亮點，我確做到「有事弟子服其勞」，說得切實點，我只是一名書僮而已。

關於我的學業，喻先生只處於輔導地位，規定我一天看多少書，寫多少字，從不講授，只許質疑問難。如上所言，我一天的光陰全由他支配淨盡，僅餘夜間，回到城隍山，才是我自己的時間，挑燈下帷，讀書習字，直待倦眼矇矓，然後登床就寢。至今我雖為不學無術之人，但於文字尚辨香臭，也略懂得鐘鼎古籀，這便是從喻先生的督教下得來的。

喻先生還一力的提拔我，由書記升為校對，又由校對升為會計。薪水隨同增高，由月支十二元加到二十四元，又加到三十六元。那個年頭，錢貴物賤，三十六元不是小數，對我說來，更不是小數。

喻先生是掛著道學家的嘴腔的，管束甚嚴，時常提出「非禮勿……」的告誡。事實上他有姨太，在飢不擇食中，小丫頭，老媽子，統統要的。大約他的體子過於結實，這是天賦所關，說不上「風流」。

康有為是他的同年進士。康到杭州，十有九次向他借錢。他為了年誼，不能不借，又為了肉包子打狗，有去無還，不願再借。所以每逢康有為信到，不待拆封，他已能預測到什麼事，搔頭抓腮，繞室徬徨，經過反復的思想鬥爭，才下決心，學蘇州人折半價，敷衍過去。

喻先生在杭州是很有面子的，盧永祥、齊耀珊待以賓師之禮，警察廳長夏超則更侍奉唯謹。事因辛亥革命不過是換上新招牌，掌實權的仍屬前清餘孽，與遺老遺少同為一丘之貉。喻先生不問政治，貌似清流，而身負一鄉之望，朝野交通，潛力不弱，當官的為求政通人和，故不得不特別看重。這裡附說一句，齊耀珊是寫的一手好字的。

我自升任會計後，開始與沈曾植、朱祖謀、王國維先生發生接觸，因他們雖任通志局的總纂、編纂，卻都住在上海，從不來杭，每月薪水，須由我去滬登門面奉。我記得沈先生的薪水最大，每月二百四十元；朱先生一百六十元；最少的為王先生，僅八十元，大約因他既無科名，又未居官，評價便不免較低了。

當年沈先生的寓所在麥根路，住的是一所舊洋房。他本人是一個瘦骨如柴的老頭子，積垢滿身，終年不浴，從冬至夏，蜷縮在一張大沙發上，據說晚間亦以沙發為眠床，卻置有姨太太。我每次送交薪水後，他總是留住我，不讓走，問我近來讀什麼書？臨什麼帖？我一一具告，他似有懷疑，指出某書某章某節，要我解釋。他並批評喻先生，不是名師，教不出什麼來。所以當時我到沈家，為了怕他考驗，提心吊膽，認為一個難關。及後我到北京，見聞較廣，才知他是大學問家，精通經義，尤精於四裔地理，傳名世界。以往多少請益機會，我都錯過，悔之晚矣。

朱先生住虹口東有恒路，身材矮小，一臉秀氣，白鬍子，聲音爽朗，衣冠整潔。名攝影家郎靜山兄即住其隔鄰，他比我大二三歲，屈指相交。已五十年了。

王國維先生住愛而近路，豹牙齒，掛深度近視眼鏡，腦後垂髮辮，其貌不揚。待人極有禮貌，我告別時，他加上馬褂，送出大門，打恭作揖，唱其大喏。

這兩位老前輩，一個是一代詞宗，一個是國學大師，我均有親炙的機緣，由於無知，空入寶山，絕無所獲。後此我在北京，國維先生適在清華園講學，陳援庵（垣）先生知我與他曾有一段

Do歷史15　PC0452

杜月笙秘書見聞錄

作　　者／胡敍五（拾遺）
編　　者／蔡登山
責任編輯／蔡曉雯
圖文排版／楊家齊
封面設計／楊廣榕

出版策劃／獨立作家
發 行 人／宋政坤
法律顧問／毛國樑　律師
製作發行／秀威資訊科技股份有限公司
地址：114 台北市內湖區瑞光路76巷65號1樓
電話：+886-2-2796-3638　傳真：+886-2-2796-1377
服務信箱：service@showwe.com.tw
展售門市／國家書店【松江門市】
地址：104 台北市中山區松江路209號1樓
電話：+886-2-2518-0207　傳真：+886-2-2518-0778
網路訂購／秀威網路書店：https://store.showwe.tw
國家網路書店：https://www.govbooks.com.tw

出版日期／2015年4月　BOD一版　**定價**／300元

獨立作家
Independent Author
寫自己的故事，唱自己的歌

杜月笙秘書見聞錄 / 胡敘五原著 ; 蔡登山主編.
-- 一版. -- 臺北市 : 獨立作家, 2015.04
面 ;　公分. --(Do歷史系列 ; PC0452)
ISBN 978-986-5729-67-7 (平裝)

1. 民國史

628　　104002646

國家圖書館出版品預行編目

讀者回函卡

感謝您購買本書，為提升服務品質，請填妥以下資料，將讀者回函卡直接寄回或傳真本公司，收到您的寶貴意見後，我們會收藏記錄及檢討，謝謝！如您需要了解本公司最新出版書目、購書優惠或企劃活動，歡迎您上網查詢或下載相關資料：http:// www.showwe.com.tw

您購買的書名：________________________

出生日期：________年________月________日

學歷：□高中（含）以下　□大專　□研究所（含）以上

職業：□製造業　□金融業　□資訊業　□軍警　□傳播業　□自由業

□服務業　□公務員　□教職　□學生　□家管　□其它_____

購書地點：□網路書店　□實體書店　□書展　□郵購　□贈閱　□其他

您從何得知本書的消息？

□網路書店　□實體書店　□網路搜尋　□電子報　□書訊　□雜誌

□傳播媒體　□親友推薦　□網站推薦　□部落格　□其他__________

您對本書的評價：（請填代號　1.非常滿意　2.滿意　3.尚可　4.再改進）

封面設計____　版面編排____　內容____　文／譯筆____　價格____

讀完書後您覺得：

□很有收穫　□有收穫　□收穫不多　□沒收穫

對我們的建議：________________________

____

____

____

請貼
郵票

11466
台北市內湖區瑞光路 76 巷 65 號 1 樓
獨立作家讀者服務部　　收

（請沿線對折寄回，謝謝！）

姓　名：＿＿＿＿＿＿＿＿　年齡：＿＿＿＿　性別：□女　□男

郵遞區號：□□□□□

地　址：＿＿＿＿＿＿＿＿＿＿＿＿＿＿＿＿＿＿

聯絡電話：(日)＿＿＿＿＿＿＿＿（夜）＿＿＿＿＿＿＿＿

E-mail：＿＿＿＿＿＿＿＿＿＿＿＿＿＿＿＿＿＿